거룩한 도용

고지식한 바울

거룩한 도용

고지식한 바울

저자 **김항욱**

목차

- 들어가는 글　　6

- 역사의 출발점　　8
- 사울의 우물　　9
- 보편적인 우물　　14
- 끌려나온 개구리　　19
- 바울의 회상　　31
- 주님의 용도　　36
- 이기적인 진실　　46
- 바울의 역행　　50
- 바울의 용도　　56
- 용도 변경 1　　62

- 용도 변경 2					80
- 용도 변경 3					94
- 가려진 진실					114
- 바울의 고민					130
- 이장 : 교회의 재정립			140

   교회의 구조

- 인류의 신, 돈					152
- 분열된 대한민국				167
- 지금이 그때라면				179
- Show Biz					187

마치면서					196

들어가는 글

나는 책을 좋아하는 사람이 아니다. 그리고 지금도 책이 좋아서 읽고 쓰는 것이 아니다. 나이가 들어갈수록 그동안 몰랐던 것을 너무 많이 알게 되었다. 차라리 끝까지 모르는 상태로 있었다면 더 편했을 텐데. 어쩌다 내가 모르는 게 이렇게 많다는 걸 알게 되어 늦게나마 책과 싸우게 되었는지 후회 반 감회 반이다.

뒤늦게나마 더 알고 싶은 마음을 가지게 되었는데 그것은 나에게 지식이 꼭 필요해서가 아니다. 내가 일하는 분야에서 어느 정도 자리를 잡아 이제까지 살아왔고 몇 년만 더 일하면 은퇴할 나이인데 얼마나 더 알겠다고 이러는지. 더군다나 나에게 꼭 필요한 지식은 이미 성경을 통하여 충분히 학습되어서 예수의 길에서 이탈하지 않는다면 나로서는 이 이상 꼭 필요한 지식은 없다.

그런데 이제 와 또 하나 알게 된 것은 나보다 아는 것이 적은 사람이 상당히 많다는 것이다. 왜 이런 생각을 가지게 되었는지 그 이유는 다음과 같다. 나는 이전에도 그리고 지금도 보수라고 믿으며, 보수당에 등록하고 보수 정치인을 후원했으나 최근에 탄핵당한 윤석열 대통령(보수당)과 앞으로 탄핵당할 것 같은 트럼프 대통령(보수당)을 보면서 어쩌다가 내가 떠나온 부모님의 나라(한국)와 내 자녀의 나라(미국)가 이 모양이 되었는지 놀라지 않을 수 없기 때문이다.

정치 세계가 난잡한 것은 충분히 이해가 가지만 내가 더 공부하게 된 이유는 기독교가 교회의 머리인 예수와 상관없이 자기 멋대로 권력과 협력하여 어둠의 세력과 대항하여 싸우지 않고 어둠의 세계의 조력자가 된 것에 대해 울분이 터지게 되었기 때문이다. 교회를 다니지 않는 사람도 어느 정도 지식과 교양이 있는 사람이라면 두 나라의 정상이 보편 타당한 수준의 사람이 아니라는 사실이 쉽게 눈에 들어오는데 무엇 때문에 교회는 이 두 분을 지지하게 된 것일까?

나는 지식이 많은 사람이 아니기에 내 짧은 생각으로 충분히 독자들에게 공감할 수 있는 자세한 설명을 할 수 있을지는 모르겠지만 나는 이 일을 해야만 하기에, 기도하는 마음으로 이 글을 쓰고자 한다.

역사의 출발점

이 시대의 교회에서 일어나는 현상을 이해하기 위해서 나는 바울의 선교 여행을 출발점으로 삼았다. 나에게 사도 바울은 성경을 쓴 저자의 한 사람이고 누구보다 열심히 예수의 가르침에 순종하여 복음을 전파하기 위해 노력한 사람이다. 하지만 목사로 임명받고 수십 년 동안 내가 해오고 있는 일이 노숙자와 약물 중독자를 회생시키고 이들에게 필요한 의식주 해결을 위한 것이다 보니 나에게 신학이나 교회사는 필수 과목이 아니었다. 당연히 사역이라고는 하지만 머리로 하는 일보다 손과 발로 하는 일이 대부분이니 바울의 역사적 배경이나 서신을 연구한 경험은 아직도 미비하다.

하지만 이제 와 이분께 관심을 가지게 된 이유는 내가 본 교회의 모습에서 무엇인가 빠진 것이 느껴졌기 때문이다. 동시에 조미료가 너무 많이 첨가된 몸에 해로운 음식과 같은 모습을 보며 나는 그것이 무엇인지 알아야 했고 예수의 몸 되신 교회를 위해 내가 할 수 있는 최소한의 도리라고 생각했기 때문이다. 물론 나는 내가 본 예수를 소개하는 일 외에는 별로 아는 바가 없기에 전적으로 하나님을 의지하는 마음으로 이 글을 써 내려가고자 한다.

사울의 우물

바울 사도를 생각하면 제일 먼저 떠오르는 사람이 스데반 집사이다. 이스라엘 사람들이 스데반 집사의 목소리에 귀를 막고 돌을 들어 살인할 때 그 옆에서 침묵하며 이들과 한편에 섰던 사람이 바로 사울(로마 이름은 바울)이기 때문이다. 사울이 이스라엘과 함께 스데반을 살해한 이유 중 첫 번째는 유대인들이 십자가에 못 박은 예수가 참된 구세주라고 강조하였기 때문이고 둘째, 구원의 중심이 유대 사회의 가장 신성한 두 축인 성전과 율법을 부정하였기 때문이다. 그리고 세 번째 이유는 이스라엘 민족이 하나님의 사람들을 반복해서 박해하고 죽여왔다고 지적하였기 때문이다.

> "너희 조상들이 선지자들 중에 누구를 박해하지 아니하였느냐?"(행 7:52)

스데반이 한 말은 모두 다 '사실'이었다. 하지만 그때만 해도 사울에게 스데반의 주장은 죽어 마땅한 신성 모독죄에 해당했고 스데반의 주장에 동조하는 다른 무리를 더 이상 용납할 수 없을 정도로 스스로 의로움과 정의감에 사로잡혔던 것이다.

사울이 이렇게까지 자신이 가지고 있는 개념에 갇히게 된 이유는 어렵지 않게 짐작할 수 있다. 사울의 출생지는 길리기아의 다소(오늘날 터키 지역)로, 당시 로마 제국의 중요한 문화 도시였으며 헬레니즘(그리스 문화)의 영향을 많이 받은 곳에서 로마 시민권자로 태어났다. 당시 로마 제국에서 시민권을 가지는 것은 아주 특별한 일이었는데 이는 사울의 아버지 또는 조상이 로마에 의해 특별한 대우를 받은 유대인이었을 것으로 추정된다. 유대인이 로마의 시민이 되는 길은 로마에 어떤 업적으로 시민권을 부여받았거나 로마에 협력한 상류층 가문일 경우다.

거기에다가 사울은 자신이 히브리인 중의 히브리인(빌립보서 3:5)이고 이스라엘이 남왕국과 북왕국으로 갈라질 때 유다 지파와 함께 남왕국을 지켜온 베냐민 가문인 것을 강조하였다. 더 나가서 그의 교육 과정은 율법과 전통을 지키는 데 충실한 바리새파 유대교이고 그중 가장 존경받는 유대교 학자 중 한 명인 가말리엘에게 교육받은 사람이었다. 그리고 한 가지 더 중요한 것은, 이렇게 그리스 문화권에서 교육받은 사람이다 보니 여러 언어에 능통했을 가능성이 많다는 것이다. 히브리어와 아람어(유대 종교) 그리스어(세계 공용어) 그리고 라틴어(로마 시민의 행정 언어) 등이 사용되었다. 종합하자면 어려서부터 틀에 갇힌 교육 과정을 밟아온 사울인지라 그 세계에서 벗어나는 게 쉬운 일이 아니었다. 바로 사울이 우물 안에 갇힌 개구리였던 것이다.

세상은 얼마 전부터 시작된 트럼프 대통령의 상호관세 전쟁으로 요동치고 있다. 그런데 이보다 더 요란하게 세상을 흔드는 것은 양극화된 대중이다. 인터넷을 통하여 개인이 원하는 소식과 의견을 너무 쉽게 대하다 보니 자기와 비슷한 생각과 익숙한 문화에 호감을 갖고 이들에게 지지표를 주게 되었다. 이 작용을 잘 적용하는 사람들은 계속해서 이들을 이용하여 기득권을 갖거나 이득을 창출하게 될 것이다. 한쪽에서는 새로운 시대에 맞추어 새로운 방법으로 자기의 영향력을 키우고 사업을 창출하고 있지만, 대부분 사람은 스스로를 우물에 가두는 현상이 일어나고 있는 것이다. 이 책의 서두에서 밝혔지만, 나의 관심은 대중이 아니다. 내가 주목하는 것은 사울처럼 우물에 갇혀있는 교회와 교회라는 건물에 갇혀있는 교인들이다.

　나는 일반 목회를 해보지는 않았지만 지난 수십 년 선교회를 운영하다 보니 이곳을 방문한 많은 교인을 대하며 각양각색의 신앙 고백과 생활 모습을 지켜보았다. 오래전에 모 교회에서 선교회를 지원하기 위해 찾아온 부부가 있었다. 이분들은 섬기는 교회에서 만 불의 지원금을 받아 이 금액으로 선교회 구좌를 따로 만들어 이를 자신들이 관리하시겠다고 하였다. 그리하여 함께 은행에 찾아가 이분의 명의로 선교회 구좌를 하나 더 만들게 되었다. 나는 교회에서 이분들에게 구체적인 지시가 있어서 이처럼 따로 구좌를 만든다고 생각하였는데 몇 년 후 이분들이 타주로 떠나고 나서 그 교회 지도자 중 한 분과 대화하다가 이분들이 따로 구좌를 관리한 사실을 아시고 놀라는 모습을 본 경험이 있다. 이분들이 선교회 오실 때마다 노숙자들에게 줄 식사를 준비해 오셨는데 나는 이분들이 교회에서 선교비로 책정한 금액 중에 얼마를 사용하셨는지 전혀 알지 못한다.

　그러나 이분들에 관해서 특별한 기억이 있는데 그중에 몇 가지 소개하자면 첫째는 노숙자들 사이에서 이분(남편)을 게슈타포로 호칭하였다. 이분의 언어와 행동이 항상 지배적이고 명령적인 목소리로 사람들을 부리다 보니 듣는 사람들이 흉을 본 것이다. 둘째는 노숙자들에게 성경 구절을 외우게 하고 잘 외운 사람에게 돈을 주었다. 나는 반대하였으나, 이분들이 나를 실득하려고 노력하였고 나름대로 사람들에게 말씀을 심어주시고자 하시는 맘을 굳이 말리고 싶지 않았다.

　그런데 이것보다 더 나를 놀라게 한 일은 이분들이 이사회에 참석하셔서 내가 이분의 건의에 반대할 때 자신도 '하나님의 부름을 받은 자'임을 강조하며 나만 하나님의 일을 하는 것이 아니라고 못 박았다. 물론 맞는 말이지만 나를 중심으로 모인 이사회에서 나에게 정면으로 반박하는 경우가 처음 있는 일이다 보니 나는 그날 이사회에서 일어나는 갈등을 처음 경험하였고 결국 아무 소리도 못 하고 혼자서 가슴앓이를 시작하였다. 나는 그분의 말로 인해 마음에 상처를 받았는데 이분들은 다른 이사분들과 화기애애하게 식사하는 모습을 보며 혼자 외톨이가 된 느낌으로 그 미팅을 끝내고 나왔다.

감사한 것은 그때 내가 이분들에게 항의하지 않고 패배자의 심정으로 집으로 돌아온 것이다. 아무에게도 나의 상처를 말하지는 않았지만, 이사들 중 나와 더 친분이 있는 사람들을 의식적으로 내 편을 만들어 '게슈타포'를 몰아내고자 하는 생각이 잠시 스쳐 지나간 적이 있다. 그렇게 그 갈등이 계속되어 이분들이 선교회에 오실 때마다 나는 이분들께 속과 겉이 다른 이중인격자로 행동하다 보니 내 속은 점점 문드러지는 고통으로 끙끙 앓게 되었다. 그러던 어느 날, 이분들이 하시는 사업을 접고 타주로 이사를 떠난다고 하실 때 나는 '살았다' 하며 안도의 한숨을 쉬고 혼자 축하 파티를 한 기억이 있다.

그때 무슨 일로 이분과 벽이 생기게 되었는지 기억이 나지 않지만, 한가지 깨달은 것은 나의 신앙과 교육으로 이분들을 설득할 수는 없더라도 나의 속앓이가 선교회가 분열되지 않는 한 수가 된 것이다. 물론 하나님의 도우심이 없었다면 누군가 더 큰 상처를 입고 선교회가 분열되는 사태가 발생할 수도 있었을 것이다. **우리는 모두 우물안의 개구리다.** 사울이 그렇게 좋은 환경에서 가장 훌륭한 교육을 받았지만, 살생까지 저지른 것은 자신이 가지고 있는 지식과 신앙에 너무 큰 기대와 확신을 가지고 있었기 때문이다.

오늘도 인터넷을 검색하고 유튜브에 올라온 비디오를 클릭하면 많은 사람이 확신에 찬 소리로 상대방을 비방한다. 심지어는 남의 실수와 타인의 고통을 악용하여 돈벌이를 하거나 자신의 의견에 많은 사람이 동감할 때 더욱 자신감을 갖고 더 많은 비방을 스스럼없이 하는 사람들이 허다하다. 얼마 전에 탄핵당한 전 대한민국 대통령도 그리고 현 미국 대통령도 모두 다 자신의 목소리에 확신이 담겨있고 상대방의 입을 틀어막거나 자신을 비난하는 방송국을 장악하려는 시도가 공공연히 이루어지고 있다. 비록 내 생각과 다르더라도 이해하려고 노력하고 이해가 안 되면 기다릴 수 있어야 하는데 내 편이 아니면 잘라내려는 것이 사울의 마음이자 곧 우리 마음이다.

보편적인 우물

　인생의 반을 지내 온 뉴저지 패터슨은 내가 판 우물이 있고 그 속에서 나는 익숙한 생활을 하고 있다. 오늘 아침도 여느 때처럼 아침 설교를 하고 식사를 나눠준 후 사무실로 들어왔는데 선교회 한 형제가 빠른 걸음으로 내 사무실을 찾아와 나르칸(Narcan)을 찾았다. '나르칸'은 마약성 진통제(오피오이드) 과다복용을 응급 처치하는데 사용되는 해독제인데, 코에 뿌리는 스프레이 형태로 선교회에 배치되어있다. 사실 이 치료제를 가지고는 있지만 한 번도 사용해 본 적이 없다. 그런데 마침 오늘 화장실에서 다리에 주사기를 꽂은 체 정신을 잃은 여성이 쓰러진 것을 누군가가 발견한 것이다. 나는 나르칸을 박스에서 꺼내 화장실로 달려갔지만 도착했을 때는 이미 여성이 흐느적거리며 화장실에서 나오고 있었다. 모처럼 실험해보려고 하였는데 기회(?)를 놓친 것이다. 사람은 사람인데 마약을 위해 모든 것을 바친 사람들을 매일 보면서 내가 할 수 있는 일이 얼마나 더 있을까 생각하면 이들에게 미안하고 측은한 생각이 들게 된다.

　내가 이분들께 미안한 마음을 가지게 된 건 그리 오래전 일이 아니다. 비록 30여 년 이들과 시간을 보냈지만 이전에 가지고 있던 내 생각이 대부분 '판단과 정죄'이었기 때문이다. 그 생각이 나의 가슴을 차갑게 하였고 나는 이들에게 가장 필요한 사랑을 주지 못하였다. 그래서 상대가 누구이던지 나는 지금 미안한 마음으로 이들을 바라보고 있다. 그리고 이들이 살아서 숨은 쉬고 있지만, 사람으로 가져야 할 가장 기본적인 것을 잃어버린 모습을 보면서 또 한 번 미안한 마음을 가지게 된다. 마약에 젖어진 습성과 몸의 세포가 우물에 갇혀 밖으로 나오기를 거부하고 있는 사람을 내 힘으로 건져내기에는 역부족이다. 다만 이들이 나오고자 할 때까지 옆에서 사랑을 나눠주고 마냥 기다리고 있을 뿐이다.

사람들은 누구나 다 이렇게 자신을 우물에 가두고 더 크고 넓은 세상으로 나가기보다 비슷한 생각과 생활 습성을 가진 사람들 속에서 나름대로 편안하게 살고자 한다. 그러다 보니 신앙생활도 자기가 가지고 있는 신의 모습과 종교의 가치관이 비슷한 사람들끼리 모여 교회를 만들고 목사를 초빙하여 그 속에 스스로를 가두고 있는 실정이다.

물론 나 역시 이 중 하나다. 우물 밖으로 나가기 위해 나름대로 기를 쓰고 있지만 내가 나왔는지 아직 우물 안에서 편하게 수영하고 있는지는 하나님만이 아실 것이다. 이화여대를 나오시고 평생 교사로 생활하신 90세 이모님께서 내가 쓴 첫 번째 책을 읽으시고 "너는 나이에 비해 빨리 깨달았다."라고 하셨는데 격려 차원에서 하신 말씀인지 아니면 객관적으로 말씀하신 것인지 아직 혼자 질문하고 있다.

여하튼 우물 안에서 나오기 위해서는 다방면으로 지식과 경험을 쌓아야 하지만, 그보다 더 필요한 게 있다면 그것은 바로 '겸손'일 것이다.

겸손에 대하여 철학자 소크라테스는 "나는 내가 아무것도 모른다는 것을 안다."라고 했고 어거스틴은 "하나님은 겸손한 자에게 가장 깊은 지혜를 맡기신다."라고 하였다. 그런데 여기에서 질문이 생기는데 과연 겸손은 타고나는 것인가 아니면 배우는 것인가? ChatGPT에 따르면 겸손은 일부 성향으로 타고날 수 있지만, 대부분은 삶 속에서 배우고 형성되는 덕목이라고 한다. 즉 공감 능력이 높은 사람은 타인을 높이고 자신을 낮추는 태도가 자연스러울 수 있는데 이것은 성격 스타일이지, 진정한 겸손의 본질은 아니라는 것이다.

진짜 겸손은 인생의 실패, 상실, 고난 속에서 자기가 얼마나 부족하고 은혜 없이는 살 수 없다는 걸 배울 때 겸손이 우리 마음에 자리 잡는다. 그래서일까, 사울의 화려한 가문과 전통 그리고 최고의 교육 수준은 사회의 높은 위치에 올라갈 수 있는 수단이 될 수는 있었지만, 자신과 다른 신앙과 이스라엘의 약점을 들춰내는 스데반의 '진리'를 가만히 듣고 있을 수 없는 오만한 사람이었던 것이다.

이 시대는 사울과 같은 사람이 대다수인 시대이다. 그 이유는 대부분이 고등학교 이상을 교육받았고 더군다나 한국의 경우 대졸이 기본이다 보니 아는 것이 힘인 것을 피부로 절감하였으며 이 힘이 우리 사회를 부강하게 하는 원천이 되었기 때문이다. 학력과 함께 생활 수준이 선진국과 비교할 정도가 되다 보니 자신의 지성과 감성에 대한 믿음이 더욱 높아진 것이다. 사울도 이 믿음을 가지고 스데반을 처형하는데 일조한 것이다. 이처럼 수많은 사람이 자기 생각에 대한 강한 믿음을 지니게 되었지만 이와 상반되는 부작용이 미국은 물론 세계 곳곳에서 발생하게 되는데 그것이 겸손의 부재다.

물론 우리가 알지 못하는 곳에 상처와 실패를 통하여 지성과 함께 겸손이 겸비된 사람들이 많이 있지만, 이들의 대부분은 나서는 것을 꺼리기 때문에 사회에 표출된 대부분의 요란한 소리는 겸손이 부재한 인격장애자가 만들어내는 것으로 보면 될 것이다. 바로 이런 인격장애자들이 사회의 지도자가 되고 심지어는 대통령이 되다 보니 그 파국은 나라와 국경을 넘어 전 세계로 퍼져나가는 상황을 지구촌 모든 사람이 현재 경험하고 있는 것이다.

이렇게 우물 안에 자신을 가두고 있는 사람은 주위 사람뿐만 아니라 사회를 해롭게 하는데 내가 태어난 나라 대한민국은 물론, 내가 살고 있는 미국 땅 역시 인격장애자들에 의해 심한 요동을 치고 있다. 그런데 우물 안의 사람들이 사회에만 있으면 그나마 그러려니 하고 지나가겠지만 교회 안에도 이런 사람이 수두룩하다 보니 교회를 찾는 사람도 줄어들고 교회를 찾아오던 사람마저 발걸음을 돌리는 상황에 이른 것이다. 이렇게 인격장애를 지닌 지도자가 나라는 물론 교회를 '운영'하다 보니 그 안에 있는 대부분 교인조차 한쪽 귀는 막고 나머지 한쪽 귀로 듣고 싶은 소리만 가려듣는 반쪽짜리 기독교가 되고 만 것이다.

얼마 전에 선교회를 찾아오신 한인 부부가 집으로 초대하여 극구 사양했지만, 간곡히 부탁하여 식사를 그분들 집에서 함께 하였다. 아내분께서 정성스럽게 음식을 준비하셔서 나는 부담스럽지만 감사한 마음으로 식사를 잘 마치고 돌아왔다. 노숙자들과 생활하다 보니 내 옷에는 항상 노숙자 냄새가 배어있는데 이분들은 내색하지 않고 손님 대접에 각별한 신경을 써 주셨다.

평생을 대접하는 생활을 해오다 보니 나는 아직도 대접받는 일이 익숙하지 않다. 할 수만 있다면 대접받는 자리는 피하고 대접받을 때 불편한 내 마음은 끝까지 유지하고자 한다. 무엇보다도 이렇게 나를 대접할 때 이분들이 가지고 있는 기대치가 있는데 내가 그 기대에 미치지 못한다면 이분들은 어쩌시려고 이렇게 가까이 오시는지 염려가 됐다. 아니나 다를까 몇 번 식사도 같이했으니 내가 생각하는 교회와 한국 정치 상황에 대하여 말이 나왔는데 어느 순간 이분과 나의 의견이 다르다는 것을 알게 되었다.

물론 내가 한 말에 대하여 후회하거나 사과할 일은 없다. 내가 생각하는 보수의 가치관과 한국의 '국힘당'과 미국의 '공화당'이 다른 방향으로 흘러가고 있다고 내 생각을 스스럼없이 나눈 것뿐이다. 하지만 다르다는 이유만으로 이분은 짧지만 강하게 대화를 단절하셨고 그 후로는 더 이상 연락이 오지 않았다. 생각은 충분히 다를 수 있고 서로의 의견을 나눌 때 서로를 더 이해하고 함께 앞으로 나갈 수 있을 텐데 이 시대는 모든 것이 너무 빠르게 변화하다 보니 차분하게 서로의 의견을 듣고 이해하고자 하는 시간과 인내심이 없어진 것이다.

끌려나온 개구리

사울의 믿음과 사상은 마치 몇 겹의 갑옷으로 둘러싸여 있는 듯하여, 그의 생각을 논리적으로 변화시키는 건 현실적으로 불가능했다. 마찬가지로 이 시대의 모든 사람은 각자가 가지고 있는 사고와 신념이 너무 세밀하게 정리되어 있기에, 이들이 걸어놓은 몇 겹의 안전장치를 허물어뜨리는 것은 좀처럼 쉬운 일이 아니다. 이런 이유로 사울과 이 시대의 교인들 역시 우물 밖으로 나오는 일이 쉬운 일이 아니다. 그렇기에 사울이 우물에서 나올 수 있었던 길은 외부의 힘에 의해 끌려 나오게 된 것이다. 잘 아시는 바와 같이 예수를 따르는 자를 숙청하려고 다메섹으로 가던 길에서 출처를 알 수 없는 목소리와 강한 빛으로 인하여 하루아침에 장님이 되고 만 것이다.(행 9)

선교회를 통하여 만난 많은 친구 중에 상당수가 이미 세상을 떠났다. 그중에 나보다 9살이 많은 백인 친구 '빌'이 지난 3월 28일 69세의 나이로 세상을 떠났다. 명문 시카고 대학을 나와 석사까지 받은 이 친구는 하나님이 보내주신 친구고 형제이며 이 동네에서 나와 세상 돌아가는 이야기를 주고받을 수 있는 유일한 친구였다. 2008년부터 선교회에서 생활하며 선교회가 운영하는 재활용 가세에서 매니저로 일하였고 그 외에 선교회 재정, 재활용 가게 운영 등 다방면으로 나를 도와준 친구이다.

물론 이 친구도 선교회를 찾아온 이유는 마약 때문이다. 대학교 시절에 시작한 마약이 오랜 시간이 지났지만, 이 친구를 떠나지 않은 이유는 아마도 이 친구의 성격 때문이 아닌가 생각한다. 누군가 자신의 입장을 반대하거나 자신이 인정받지 못할 때 분노가 폭발하고 그런 자신의 성격으로 스스로를 괴롭히다가 결국에는 마지막 방법으로 마약을 찾게 되었던 것이다.

선교회에 약 10여 년 머무는 동안 두세 번 선교회를 훌쩍 떠나 며칠이 지나서 스스로 돌아오거나 경찰로부터 전화를 받고 데리러 간 기억이 있다. 마지막 선교회를 떠날 때는 약도 끊은 상태였고 떠나는 친구를 위해 선교회 모든 식구가 환송회를 열어 계속해서 연이 끊어지지 않기를 바라며 2018년 선교회를 떠났다. 그리고 이 친구는 남부 알켄사 조그만 동네에 정착하였다. 그 후로 일주일에 한 번 이메일로 소식을 전하기를 몇 년 동안 지속하다가 약 일 년 전에 폐암을 선고받아 치료를 시작하였다. 그 후 점차 이메일로 소식을 받는 일이 줄어들어 몇 번인가 짧은 전화 통화로 소식을 주고받았다. 그렇게 몇 번 소식이 오간 후 한동안 소식이 끊어져 다시 전화하였지만 빌의 목소리가 아닌 다른 분이 빌의 전화를 받았다.

빌이 떠났다는 소식에 선교회 식구들은 함께 그의 죽음을 애도하였고 장례 비용을 모아서 그의 친구에게 보내주었다. 그런데 나에게 찾아온 친구의 사망 소식에 나는 '어떻게 사망하였는가'보다 더 급한 질문이 있었다. 빌의 사후 세계에 대한 확신이 없었기 때문이다. 내가 아는 한 빌은 성경을 읽기는 하였지만, 마음으로 영접하지 않은 상태였기 때문이다. 진리를 찾고자 하는 학도의 자세는 있었지만, 진리 앞에 자존심을 내려놓지는 못한 것이다. 그러다 보니 어디에서 누구와 일을 하던 자존심이 상하면 그 자리를 훌쩍 떠나 다시 방랑 생활을 하다가 약에 손을 대고 또 자살 소동을 일으키기를 반복하였다.

빌이 세상을 떠나기 전 또 한 번의 자살 소동이 있었다는 얘기를 주변 사람들에게 들었을 때, 마지막까지 자신과 싸우다 떠나야 했던 빌에 대한 측은함과 안타까움이 내 마음을 무겁게 하였다. 그래서 생각난 구절이 고린도전서 15장 29절 말씀이다.

> "29 만일 죽은 자들이 도무지 다시 살아나지 못하면 죽은 자들을 위하여 침례를 받는 자들이 무엇을 하겠느냐 어찌하여 그들을 위하여 침례를 받느냐."(고전15)

성경을 통독한 사람이라면 누구나 다 이 구절에서 잠깐 당혹감을 느끼는데 바로 "죽은 자들을 위한 침례"를 어떻게 이해할지 모르기 때문이다. 개신교의 가르침은 죽음 이후에는 구원과 심판이 있는 것이지 죽은 자에게 더 이상의 선택권이 없는 것을 성경 여러 구절에서 나타내고 있기 때문이다.

> "한 번 죽는 것은 사람에게 정하신 것이요, 그 후에는 심판이 있느니라."(히 9:27)

> 22 이에 그 거지가 죽어 천사들에게 받들려 아브라함의 품에 들어가고 부자도 죽어 장사되매 23 그가 음부에서 고통 중에 눈을 들어 멀리 아브라함과 그의 품에 있는 나사로를 보고.(눅 16)

물론 이 말씀은 죽은 자를 위하여 세례를 받는 것을 정당화하는 의미가 아니라 부활을 증명하기 위해 바울이 사용한 그 당시의 관습을 예로 든 것이라고 대부분 신학자가 이해하고 있다. 다시 말해서 이 관행을 찬성한 것이 아니라, 부활의 논리적 증거로 사용한 것이다. "부활이 없다면 왜 그런 이상한 의식을 하겠는가?" 하지만 죽은 자를 위한 침례라는 표현이 신약 전체에서 단 한 번 사용된 문장이다 보니 이 뜻이 그리 쉽게 이해되지 않는 것은 나 혼자만의 문제가 아닐 것이다. 논리적 증거로 채택된 관습에 동감이 가면서도 무엇인가 석연치 않은 감정이 남아 있는 것이다. 그래서 조금 더 이런 관습이 있게 된 역사적 배경이 무엇인지 한번 살펴보고자 한다.

예수께서 "나를 믿는 이 작은 자들 중 하나라도 실족하게 하면 차라리 연자맷돌이 그 목에 매여 바다에 던져지는 것이 나으리라"(막 9:42) 말씀하신 후 혹시라도 내 손이, 발이 그리고 눈이 이런 작은 자들 중 하나라도 실족하게 한다면 내 몸의 부분을 찍어버리는 것이 꺼지지 않는 지옥 불에 들어가는 것보다 낫다고 하셨다.

> "만일 네 손이 너를 범죄케 하거든 찍어버리라. 불구자로 영생에 들어가는 것이 두 손을 가지고 지옥 꺼지지 않는 불에 들어가는 것보다 나으니라…."(막 9:43~49)

여기에 쓰인 '지옥'의 그리스 원어는 γέενναν(geennan) 게에나 이고 히브리어는 גהנום(Gehenom, Gehinom) 게헨놈 이라고 쓰였다. 구약과 신약에 나타난 이 이름은 힌놈의 골짜기로 유명한데 이곳이 바로 하나님을 떠난 유다 왕국이 '바알'의 우상과 암몸 족속의 신 '몰락'을 위해 산당을 짓고 거기에서 어린 자녀를 제물로 바치는 간음을 행한 곳이다. 그리고 예수를 팔아넘긴 유다가 목매어 죽은 장소 아켈다마 역시 힌놈의 골짜기 중 한 부분으로 지목되고 있다. 그래서일까 유대교에서 게헨놈은 유대교의 랍비 문헌인 탈무드와 미드라쉬 에서 심판 혹은 형벌의 장소로 묘사된다고 한다.

더 나가서 미드라쉬 주해 시편(Midrash Tehillim) 11:6 절은 게헨놈을 하나님의 심판 도구로 설명하며 '영원한 지옥' 개념이라기보단 '거룩한 정화의 불'로 표현하고 있다. 즉 정해진 기간 안에 죄를 씻는 장소로 묘사되며 대부분의 영혼은 11 ~12개월 머문 뒤 천국으로 간다고 전하고 있다. 이와 같은 유대교의 해석을 바탕으로 가톨릭교회는 '연옥'(가톨릭교회 교리서 #1030~1032) 교리를 보수하고 있다. 개신교에서 이 교리를 부인하는 데는 타당한 이유가 있다. 물론 신학적 모순을 방지하기 위해 연옥을 거부하는 이유도 있지만, 그것보다도 사람의 기발한 대안이 발생하기 때문이기도 하다. 영악한 인간의 꾀가 죽은 후에도 정화가 가능하다면, 굳이 이곳에서 회계하고 바르게 살아가야 할 이유가 없어질 수 있기 때문이다.

나에게 연옥이 있고 없고는 둘째 문제이다. 내가 이 교리를 살펴보는 이유는 내 친구 '빌'이 천국으로 가지 않고 다른 곳으로 갈까 염려되기 때문이다. 그래서 나는 죽은 자를 위해서 세례를 하고자 하는 것이 아니고 앞으로 12달 동안 꾸준히 빌을 위해서 기도하려고 한다. 매일 아침 하나님께 빌이 선교회에서 봉사한 일, 나를 도와서 Thrift(중고) 가게를 운영한 일을 하나님께 상기시켜 드려 하나님의 은총을 간구하려는 것이다. 그리고 혹시라도 연옥이 있다면 거룩한 정화의 불이 있다면 그곳에서 빌이 정화되어 낙원에 갈 수 있기를 기도할 것이다.

우물 밖으로 끌려 나오지 않은 채 이 세상을 떠나고 나면 나머지 사람들이 나처럼 죽은 사람을 위해 기도하게 된다. 이에 대한 확신이 없다 보니 부디 모든 사람이 주어진 시간 안에 하나님의 주권을 인정하고 그분 앞에 무릎 꿇고 전능하신 창조주를 경배하기를 바란다. 우물 밖으로 나오는 일을 간단한 일처럼 생각할 수 있지만, 사람은 결코 길들여진 사상과 환경을 벗어나는 일이 없다. 그래서 '끌려 나온다'라고 수동적인 표현을 쓴 것이다.

수많은 노숙자를 만나면서 알게 된 것은 대부분 사람이 사울처럼 특별한 경험을 가지고 있다는 것이다. 남자 친구가 칼에 찔려 자신의 품에서 죽어가는 모습을 바라본 자매. 총부리를 머리에 대고 방아쇠를 당겼지만, 총알이 발사되지 않아서 생명을 유지한 자매. 칼에 휘둘려 배에서 창자가 흘러 나올 때 자기 손으로 내장을 다시 뱃속에 집어넣고 테이프로 둘둘 말은 후 병원으로 실려 간 형제 등 다양한 사람들을 만났다. 모두 다 우물 밖으로 끌려 나올 수 있는 충분한 동기가 있었지만 모두 다 끌려 나온 것은 아니다.

마찬가지로 사울 역시 '나는 네가 핍박하는 예수라.'는 음성을 들은 후 누가 장난질이냐며 신경질을 낼 수도 있었고 눈에 병이 생겨 잠시 시각이 마비되었다는 전문가의 의견을 더 믿을 수도 있었을 것이다. 그런데 신기한 것이 모든 사람의 삶을 자세히 들여다보면 모두 다 비슷한 갈림길에 놓이게 되는데 여기에서 한 부류는 다시 우물 안으로 들어가고 또 한 부류는 우물 밖 세계, 즉 하나님의 세계로 방향을 바꾼다는 것이다. 아마도 이 글을 읽고 있는 사람은 사울과 같이 우물에서 끌려 나와 다른 방향으로 운전대를 돌린 분들일 것이다.

사울이냐 바울이냐.

미국에 이민 온 이후 나는 계속 한국 이름을 사용하였다. 김항욱. 그런데 내 이름은 한국 사람도 발음하기 어려운 이름이다 보니 미국 친구들은 나를 Hang(행)이라고 불렀는데 별로 듣기 편한 소리가 아니었다. 무엇인가 붙들어 매 놓은 뜻인데 옛날에 사형을 집행할 때 목을 매는 것처럼

'Hang'이라는 단어가 사용되어 대학에 다닐 때 나의 영어 이름을 편집해서 'Hangwook 김'을 'Hank W Kim'으로 변경한 것이다. 그 후에 미국 시민권을 취득할 때 영어 이름은 공식적으로 'Hank'로 바꾼 것이다. 사울이 바울이 된 것도 이와 같은 이유에서다. 사울은 히브리 이름이고 바울은 똑같은 이름을 로마 제국에서 흔히 사용되는 그리스식 이름이다. 이방인들을 구원하기 위해서 자신의 이름까지 이방인들이 사용하는 단어로 바꾼 것이다.

'Hangwook'에서 'Hank'로 나의 이름은 바꾼 이유는 순전히 나 편하자고 한 일이지만 사울이 바울이 된 것은 정반대이다. 이전의 나의 모습, 생각, 생활 방식, 교육 과정을 싸그리 다 버리고 오직 이방인의 구원을 위해 이방인의 귀에 익숙한 바울이라는 이름을 사용했다. 바울의 선택은 마치 예수께서 하나님과 함께 계실 때 가지고 계시던 영광과 존귀함을 이 땅에 오실 때 전부 내려놓으시고 오신 것과 동일한 개념이다. 내가 여기서 주목하고 싶은 것은 바울의 극단적인 선택이다. 바울은 아직 세상에 몸 담그고 있고 주변에 가족과 친구 그리고 사회적인 관계가 있었을 것이다. 하지만 이 모든 연결 고리는 그리스도 예수의 지배구조에 따라 변하였고 바울의 목숨은 오로지 예수께서 하신 말씀처럼 예수의 뜻을 행하며 그의 일을 온전히 이루는 것이었다.

> 34 예수께서 이르시되 나의 양식은 나를 보내신 이의 뜻을 행하며 그의 일을 온전히 이루는 이것이니라.(요한 4장)

마치 예수께서 제자들에게 누가 내 어머니이며 내 형제냐고 질문한 것과 같은 맥락이다. 육신의 어머니와 동생들에게는 야속하게 들릴 수 있지만,

하나님의 나라에는 오직 "하늘에 계신 내 아버지의 뜻대로 하는 자가 내 형제요 자매요 어머니"라는 것이다.

내가 생각하는 기독교에서 가장 중요한 것은 교회 건물이 아니다. 헌금도 아니다. 예배도 아니다. 가장 중요한 것은 예수와의 관계. 그것을 증명이라도 하듯이 바울은 다메섹으로 가던 길에서 만난 예수를 증거 하기 위해 만사를 제쳐두고 3년 동안 다메섹에서 아라비아에 갔다가 다시 다메섹으로 돌아오며 자신이 만난 예수를 소개한 것이다.

바울에게는 사람이 만든 종교의 형식과 전통 그리고 인간 사회의 서열이 중요한 게 아니라 살아계신 하나님과 그의 아들 예수가 전부였다. 바울에게는 '적당히'라는 단어가 체질상 맞지 않은 듯하다. 왜냐하면 대부분 사람은 아직 세상에 살고 있기 때문에 눈에 보이지 않는 예수보다 눈에 보이는 사람과의 관계가 더 중요한 순간이 많이 있다. 특히 서로 연결된 사회에서 이익 관계에 놓인 상황이 많기에 우리의 믿음이 마냥 하늘만 보고 있을 수 없기 때문이다. 내가 이 시대의 교회를 보며 가장 가슴 아픈 것은 바로 이익 관계에서 벗어나지를 못한다는 것이다.

사람이 살아가면서 이익 관계를 탈출한다는 것은 비현실적이다. 특히 자본주의 사회에서 살아가는 한국과 미국 사회는 모든 것이 손이익에 따라 결정되기 때문에 기업은 물론 학교와 병원까지 손익에 따라 존패가 결정지어진다. 그리고 그 안에 교회가 존재한다. 교회 역시 사람이 모여 만든 조직이다 보니 그 안에서 여러 가지 이익 관계가 존재하는데 여기에는 금전 관계, 명예 관계, 승계 관계 등 사회가 가지고 있는 비슷한 구조가 교회에도 똑같이 존재하는 것이다.

그래서일까 내가 신학교에 입학한 순간부터 지금까지 수많은 목사가 이익 관계에 매여서 여느 대학이나 교회에 취업을 위한 스펙을 위해 공부하고 목회하다가 교회를 옮겨가는 목사를 수없이 보았다. 한 사람이 자신의 가치를 최대치로 올려 최고의 보상을 받고자 함은 지극히 자연스러운 일이다. 그런데 바울의 모습은 이러한 값어치에 대하여 도전장을 내밀고 있는데 이 같은 스펙이 더 이상 무의미해지고 오히려 '해'로 여기게 된 것이다 (빌 3:8).

바울은 왜 우수한 인재에 대한 가치를 한낱 배설물로 여기게 된 것일까? 물론 바울의 고백에서 그 이유를 찾을 수 있는데 첫째는 "내 주 그리스도 예수를 아는 지식이 가장 고상하기 때문이라"는 확신을 가졌기 때문이다. 바울의 이 화려한 표현은 한 작가의 작문 기술과 문장력이 만든 것이 아니다. 이것은 있는 그대로 사실을 말한 것이다. 마치 코끼리 코를 만지고 코끼리는 뱀 같다고 말한 장님이 두 눈을 뜨고 코끼리를 보았을 때 받은 충격적인 고백이었다.

얼마 전 한인 2세 조니 킴이 국제우주정거장에 도착하는 모습을 뉴스에서 보며 '와'하고 나 혼자 환호하였다. 평탄하지 못한 가정에서 어린 시절을 보낸 아이였지만 꿋꿋하게 자기 삶을 개척한 이 청년은 통계학으로 본다면 100,000,000명 중에 하나 나올만한 인물이다. 가정 폭력을 지나온 아이가 사춘기에 옆길로 빠지는 건 충분히 이해할 수 있지만, 전혀 예상하지 못한 US Navy Seal (전천후 육해공 특수부대)을 자원하여 수많은 임무를 완성하였고 그 와중에 대학을 마치고 하버드 의대를 졸업하여 군의관으로 복무하였으니 이 같은 경우는 세기에 한 번 나올까 말까 한 기록이다. 이런 기록을 가진 조니 킴이 우주복을 입고 수억 명 중에 몇 명 안 되는 우주인이 되어 우주 정거장에 도착한 것이다. 조니가 우주에서 무엇을 보고 경험하고, 그리고 느끼고 올지는 개인의 몫이다. 비록 바울은 조니처럼 우주선을 타본 경험은 없지만 단언컨대, 조니보다 먼저 우주를 경험하였고 조니보다 더 먼 곳을 다녀왔다(고후 12:2).

그런데 이것은 바울만의 경험이 아니다. 바울이 체험한 예수를 만난 사람은 이미 우주를 몇 번 들락날락한 사람들이기 때문이다. 하나님의 세계를 체험하고 나면 창조주의 위대함과 숭고함을 알게 되고 이는 조니가 우주 정거장에서 본 세계보다 더 장엄하여 더 무한한 감동을 얻게 되기 때문이다.

바울의 고백은 조니가 본 우주보다 더 큰 세계를 보았기 때문에 나타나는 당연한 표현이고 그 감동에 도취 되어 더 극단적인 길을 택하게 되는데 이는 예수의 고난의 길에 동참하는 일이다. 바울이 예수께 도취 되어 그분을 더 알고자 할 때 그의 의지는 예수의 '고난에 참여함'을 택하였고 '그의 죽으심'을 본받는 것이 예수와 더 가까워지는 방법이라고 단정한 것이다.

나는 여기에서 과연 이 길 만이 예수를 더 알 수 있는 유일한 길인가 스스로 질문하였다. 물론 하나님은 우리에게 지적 능력과 영적 시각을 허락하셔서 하나님의 존재와 능력을 충분히 이해할 수 있고 헤아릴 수 있다. 하지만 이해하는 머리와 영안의 촉감에는 한계가 있다. 마치 예수께서 "아들이시면서도 받으신 고난으로 순종함을 배워서 온전하게 되셨는즉…"(히브리서 5:8,9) 바울도 예수와 같이 고난으로 순종함을 배워 예수처럼 온전하게 되기를 간절히 바란 것이다.

지난해 이맘때쯤 나 홀로 사다리에 올라가 고목을 자르다가 전기톱이 내 손등으로 떨어지며 커다란 살덩이가 떨어져 나갔다. 사다리 위에서 작업하던 중 전기톱이 나무 사이에 끼어 왼손은 나뭇가지를 잡고 오른손은 전기톱을 있는 힘껏 눌러서 최고 속도로 돌아가던 중 갑자기 전기톱이 나의 손등으로 떨어지며 장갑과 살점을 가로지른 것이다. 나는 순식간에 터져 나오는 피를 장갑으로 누르며 전기톱은 깨지든지 말든지 땅에 떨어뜨린 후 사다리에서 내려와 일단 수건으로 손을 두른 후 차를 몰고 근처 병원 응급실로 향하였다.

선교회에서 St Joseph 병원은 0.9 마일로 가까운 거리에 있었다. 하지만 그날따라 거리는 너무 멀게 느껴졌고 내 머릿속에는 여러 가지 생각이 스치고 지나갔다. 무엇보다도 돈 몇 푼 아끼다가 내 손이 절단됐단 사실에 너무 서글펐다. 얼마 전 예배를 드리기 시작하면서 이제껏 방치했던 기타를 치기 시작했는데 다시 기타를 칠 수 있을까 운전하며 손을 구부려 보지만 잘 움직이지 않는 것이 더욱 나를 암울하게 하였다. 그렇게 병원을 찾아가 응급조치를 하고 X ray를 찍기까지 6시간을 기다려야 했고 다시 손을 꿰매기까지 한 시간 정도 기다리면서 이렇게 오래 기다리는 것이 일반적인 병원 운영인지 혼자 의아해했다.

마침내 7시간 정도 지난 후 의사가 아닌 PA(Physician Assistant) 가 와서 상태를 본 후 부위를 꿰매기 전 부분 마취를 한 후 다른 환자를 보러 갔다. 한 30분 후 돌아와서 살을 꿰매기 시작하는데 두세 바늘을 꿰메었을까 마취가 다 풀어졌는지 바늘이 살을 찌를 때마다 심한 통증이 느껴졌다. PA는 다시 마취 주사를 주겠다고 하는데 거기에서 나는 잠시 망설인 후 그냥 진행하겠다고 대답했다. 이유는 그냥 고통을 더 느끼고 싶어서였다. 내 인내가 어디까지인지 알고 싶어서였다. 마침 그날은 3/26일 화요일이고 며칠

후 3/31일이 부활절이다 보니 못은 아니지만, 바늘이라도 그분의 고통을 조금 느껴보고자 한 것이다. 바늘이 한번 찌를 때마다 나는 더 깊이 그분의 고통을 알고자 하였고 그때 느껴지던 이상한 감동이 조그만 사건에서 얻은 큰 체험의 시간이었다.

그래서였을까, 바울은 마치 정신 나간 사람처럼 행동하였는데 그는 자기 몸을 혹사하며 그 안에서 희열(?)을 느끼는 사디스트(sadist)처럼 고통을 향한 자석이 되었다. 바울과 바나바가 루스드라에서 전도할 때 바울은 돌을 맞아 정신을 잃었고(행 14) 이에 사람들은 바울이 죽은 줄 알고 시외로 끌어내쳤는데 정신은 차린 후 바울은 다시 도시로 들어갔다고 하니 이 결단은 온전한 사람의 행동이라고 할 수 없을 것이다. 물론 고통을 즐길 사람은 아무도 없지만, 예수를 따르는 사람에게는 이것이 한낱 육신의 통증으로 끝나는 것이 아니다. 내가 십자가에 못 박혀야 하고 내가 하나님의 저주와 심판을 받아야 하는데 누군가가 나 대신 그 자리에 있었다고 하니 만일 이 증거가 '진실이고 역사적인 사실'이라면 우리는 당연히 예수의 희생에 감사드려야 마땅하다.

또한 하나님의 사랑에 감격하여 무엇을 어떻게 주님께 나의 감사를 전달할 수 있을지 그 방법을 찾아야 할 것이다. 그리고 우리에게 조그만 고통이 생길 때마다 우리는 그 '기회'를 최대한 활용하여 나를 위해 피를 흘리시던 예수를 기억해야 할 것이다. 비록 내 실수로 전기톱이 내 손을 잘라내었지만 나는 그 기회를 잘 활용하면서 십자가를 더 가까이서 볼 수 있는 '특권'을 얻었던 것이다.

바울의 회상

바울이 예수를 만난 후 이전에 쌓아온 모든 스펙을 한낱 배설물로 여기게 된 두 번째 이유는 이전의 모든 과정이 나의 값어치를 높이는 수단과 방법이었기 때문이 아닐까 추측해 본다. 한 사람의 값어치는 그 사람의 소유에 따라 정해지는데 그것이 지식이나 정보일 수 있고 가지고 있는 재물이나 사회적 위치에 따라 결정된다.

얼마 전 AP 뉴스(4/3/2025)에서 색다른 소식을 접하게 되었다. 중국에 거주하는 미국 국가 공무원과 가족들 그리고 기밀정보 제한 구역에 접근이 허락된 고용인들은 중국인과의 이성 관계나 섹스를 금지한다는 미국 정부의 방침이었다.[1] 물론 이전에도 비슷한 내용의 규정 "non-fraternization"(권력관계가 존재하는 상황에서 개인 간의 친밀한 관계를 피하는 것)이 있었지만 관세 전쟁 이후 이 규정이 더욱 노골화된 것이다. 이 같은 행정부의 지시에 대하여 AP 통신은 소련과의 냉전 시대에나 있었을 법한 소식이 이 시대에 다시 들려오는 사건에 대하여 우려를 표하고 있다. 세상이 더욱 치열한 경쟁사회로 돌입한 후 모든 비밀에 값어치가 매겨지고 상대 국가는 그 기밀을 알아내기 위해, 뺏어오기 위해 막대한 자본과 인력을 동원하고 있다.

---

1 https://apnews.com/article/chinese-beijing-honeypot-spies-diplomat-agent-intelligence-c077ef57b0f7ae43dd0db41bea92238b

물론 사울의 유대 교육은 최소한 남의 것을 빼앗거나 자본의 축적을 위한 일차적인 교육은 아니었다. 사울이 가말리엘 1세를 통하여 전수 받은 교육은 구약성경 및 구전 율법(미쉬나)을 공부하여 모세오경, 예언서, 그리고 구전 전통을 배우는 것이며 이를 해석하는 방법은 일차적이었다. 또한 수사학, 변증학을 공부하여 헬라 철학자들과 변론할 수 있는 자격을 갖추는 것이 교육의 목적이었다. 그럼에도 불구하고 사울은 바울이 되어 스데반 사형 장소에서 지식의 위험이 얼마나 파괴적인지를 스스로 체험하며 깨달았다.

이를 통하여 부분적인 지식이 얼마나 위험한지 모두에게, 특히 예수를 따르는 자들에게 알리고 싶었다. 그래서 바울은 고린도전서 8장 1절에서 "지식은 교만하게 하며 사랑은 덕을 세우나니"라고 기록하였다. 바로 자신의 우월한 교육 과정이 타인의 추월을 불허했지만, 이 특별한 배경은 교만을 만들었고 교 만은 자신은 물론 타인과 사회를 파괴하는 결과로 이어진 것이다. 사울에서 바울로 변하는 과정을 쉽게 정리하자면

    A. 교육은 사람에게 지식을 선사한다.
    B. 지식은 사람을 교만하게 한다.
    C. 교만은 사람을 파괴하는 결과를 가져온다.

따라서 교육은 사람을 파괴하는 매개체의 역할이 될 수 있다(?). 물론 교육을 통하여 얻는 많은 이익이 있음을 부인할 수 없지만, 머리가 커가면서 겸손을 겸비하지 않는다면 그 결과는 모든 사람에게 불행이 되는 것을 지금 이 시점에서 한국은 물론 미국 그리고 전 세계에 찾아온 어려움을 보면 쉽게 이해할 수 있을 것이다. 내가 본 전 한국 대통령과 미국의 현재 트럼프 대통령의 언행을 보다가 나는 이분들이 겸손이란 단어를 사전에서 찾아

본 적이 없는 분일 것이라고 생각하게 되었다.

사울이 다메섹으로 향하고 있을 때 이분의 나이가 얼마나 되었을까 궁금해서 인터넷을 검색해보니 그 어느 곳도 정확한 나이를 찾아볼 수 없었다. 그러나 사도행전 7:58 기록에 스데반이 순교할 때 사람들이 옷을 벗어 "사울이라 하는 청년의 발 앞에" 두었다고 하는데 여기에서 청년은 당시에 20대에서 40대 사이를 일컫는 명칭이었다. 그리고 사울이 다메섹으로 가기 전에 대제사장에게 예수를 따르는 사람을 체포할 영장 '공문'을 요청하였다고(행 9장) 하니 내 생각에 바울의 나이는 30대 후반이거나 40대 초반 정도로 예상된다.

이 나이는 크리스토퍼 콜럼버스가 신대륙으로 떠날 때 나이와 비슷하다. 콜럼버스가 첫 항해를 떠날 때 나이가 41살(1492-1493)이었고 그 후 두 번째 항해를 42세에, 세 번째는 47세, 그리고 마지막 항해는 51세 (1502-1504)라고 한다. 사도 바울을 연구하다 보니 크리스토퍼 콜럼버스와 연결이 되는데, 전자가 못다 한 사명을 후자가 완성하고자 하는 열망이 있었던 것이었다. 바울이 로마서 15: 23, 24절에서 서바나(스페인)로 갈 때 로마의 성도들과 만나기를 바라며 얼마간 시간을 보낸 후 떠나고자 하였다.

> 23 이제는 이 지방에 일할 곳이 없고 또 여러 해 전부터 언제든지 서바나로 갈 때 너희에게 가기를 바라고 있었으니
> 24 이는 지나가는 길에 너희를 보고 먼저 너희와 사귐으로 얼마간 기쁨을 가진 후에 너희가 그리로 보내주기를 바람이라.

전통에 의하면 바울은 로마에서 옥중 생활을 마친 후 스페인을 찾았고

그 후 다시 로마로 돌아와 사역하다가 순교한 것으로 이해하고 있다.

당시 로마에 거대한 화재가(AD 64) 발생하였는데 이것을 그리스도인들의 소행으로 간주하고 네로 황제의 박해가 시작되었고 같은 시간에 바울은 목이 잘리며 그리스도의 고난을 끝까지 체험한 것으로 알려졌다. 바울의 전도 여행이 스페인에서 중단되었다면 콜럼버스는 스페인을 출발점으로 삼아 "땅끝까지 이르러"(행 1:8) 그리스도 예수의 지상 명령을 실천하고자 한 것이다. 실제로 콜럼버스는 단순한 탐험가가 아니었다. 그가 1501년 경에 쓴 예언서(Book of Prophecies)에서 일류역사는 7,000년으로 이해하였고 그는 자신의 시대가 6,000년이 지난 시점으로 인식하였다. 그래서 마지막 1,000년이 복음을 땅끝까지 전파하는 시대이고 이를 위하여 하나님께서 자신을 불러 세우신 것으로 믿었던 것이다.

하지만 콜럼버스의 사명이 누구에 의해서 왜곡되었는지는 하나님만이 아시겠지만, 스페인 왕실은 하나님의 나라를 정치적, 지리적 제국과 연결 지어 기독교적 가치를 국가 확장, 식민지 개척, 문화 정복으로 사용했다.

얼핏 본다면 바울의 신앙과 콜럼버스의 신앙이 비슷해 보일 수 있지만, 이들의 믿음은 출발부터 근본적으로 차원이 다른 여행이었다. 바울의 여행은 핍박과 학대의 대상이었던 것에 반해 콜럼버스가 한 여행은 원주민들을 착취하는 도구로 사용되었다. 바울의 복음은 자기를 죽이는 '예수의 길'이었다면 스페인의 기독교는 서구 제국주의의 정복 활동을 정당화하는 도구로 쓰였다. 바울은 예수의 복음, 가난한 자와 소외된 자를 위한 메시지를 전파하였다면 콜럼버스의 기독교는 권력 유지와 팽창이 목적이었다. 결국 예수의 복음은 사랑, 희생, 섬김이었지만 제국주의적 기독교는 정복, 통제,

억압에 사용되어 오늘날까지 많은 비기독교 문화권에서 기독교는 제국의 종교라는 부정적 인식이 남아 있는 것이다.

그렇다면 이렇게 똑같은 '예수'를 출발점으로 삼았지만 이렇게 극과 극으로 다른 결론에 도달한 이유를 질문하지 않을 수 없다. 그 이유는 다름 아닌 교육의 논리가 작용하였기 때문이다. 교육은 사람에게 지식을 선사하고 지식이 자라나면서 교만이 싹을 내어 결국은 파괴라는 열매를 맺게 되는데 바울의 경우는 이런 인간의 자연스러운 현상을 중간에서 차단하여 지식이 자라나 교만이 싹을 내었을 때 예수께서 이 싹을 제거하신 것이다.

마찬가지로 하나님이 사용하신 모세도 교만이 싹트던 40살에 자신이 저지른 살인이 발각되며 이집트에서 도망치게 되었고 그 후 40년을 미디안에서 낙오자로 살게 되었는데 바로 이 과정을 통해 하나님은 모세의 교만을 뿌리째 뽑으신 것이다. 그래서일까 성경은 모세를 "온유함이 지면의 모든 사람보다 더하더라"(민수기 12:3) 하였다. 하나님이 40년 동안 모세를 다듬지 않으셨다면 콜럼버스와 마찬가지로 자신을 구원자로 인식하고 이스라엘을 자신의 능력으로 구원할 수 있다고 자만하였을 것이다.

주님의 용도

독일의 철학자이며 무신론자였던 루트비히 포이어바흐 (Ludwig Feuerbach 1804-1872)는 종교 비판 철학의 선구자로 알려져 있다. 이분의 핵심 주장은 그의 저서 《기독교의 본질》(Das Wesen des Christentums, 1841)에서 살펴볼 수 있다. 내용은 다음과 같다. 인간은 자신의 가장 이상적인 성품(지혜, 사랑, 정의 등)을 신의 형상으로 외부에 투영했고, 그 결과 '신'개념이 생겨났다고 주장했다.[2] 그의 주장을 한마디로 줄이면 "신은 초월적 실재가 아니라, 인간의 필요와 이상을 반영한 산물"이라고 할 수 있다. 더 나가서 신의 존재는 우리의 마음에 있을 뿐 그 이상이 아니라고 결론을 맺었다.

"인간이 바라는 모든 것—그러나 이성이 부정하고 자연이 허락하지 않는 것—그 모든 것을 마음은 부여한다. 신, 불멸, 자유와 같은 초자연적인 의미의 개념들은 오직 마음속에만 존재한다. 마음 그 자체가 곧 신의 존재이며, 불멸의 존재다. 이 존재로 만족하라! 너희는 너희 자신의 마음을 이해하지 못한다; 악은 바로 거기에 있다. 너희는 진짜 외부에 존재하는, 객관적인 불멸과 너희 바깥에 있는 신을 원한다. 바로 그것이 환상의 근원이다."[3]

이분이 이 책을 쓴 나이는 37세였고 그 나이는 사울이 바울이 되기 전 진

---

[2] https://gutenberg.org/cache/epub/47025/pg47025-images.html
[3] 루트비히 포이어바흐, 기독교의 본질, 1841 p. 286

리를 거짓으로 바라보던 나이다. 더군다나 이분이 태어나고 자란 곳은 바로 루터의 종교개혁을 지나온 독일이었고 이곳은 아직도 교회가 정권 유지를 위한 용도로 사용되던 때이다. 인간 역사에 많은 전쟁이 있었지만, 기독교를 둘러싼 수많은 살생은 신의 존재가 무색할 정도로 그 범위가 충격적이었다. 독일의 농민전쟁(1524-1525)에서 귀족(양반)들에게 패배한 농민 중 10만 명이 사망하였고 그 후 이어진 30년 전쟁에서(1618-1648) 800만 명이 사망하였는데 이 모든 처참함의 원인은 교회의 세상 권세와 타락으로 발생했다.

이런 역사를 공부한 사람이라면 당연히 신의 존재를 의심할 수밖에 없을 것이다. 루트비히 포이어바흐 역시 지식인 중 한 사람으로 그는 종교에 대하여 회의를 느낄 수밖에 없었고 결국 신은 인간의 필요에 따라 만들어졌다고 믿었다. 결국 '주님'이라는 이름은 사람의 **용도**에 따라 사용되는 도구로 전락하고 말았다.

루트비히 포이어바흐와 비슷한 시기에 살았던 또 한 명의 독일 철학자는 공산당 선언문을 발표한 칼 마르크스(1818-1883)다. 이분이 쓴 글 중에 교회에서 가장 많이 사용된 문장이 바로 "종교는 인민의 아편이다."라는 글이다. 칼 마르크스에게 있어서 기독교를 포함한 모든 종교는 인간성을 억압하고, 일부 계층의 탐욕을 충족시키기 위해 민중의 인권을 빼앗는 **이념적 도구**에 불과했다. 이러한 상황에서 "종교적 자유와 양심의 자유"라는 개념은, 유럽인들이 기존의 권위―종교든 사회 구조든―에 도전하게 만들었고, 개인의 이익을 추구하게 하였다.

마르크스에게 있어 기독교는 가장 심한 착취의 종교였으며, 특히 하나님의 이름 아래 이루어진 신대륙 식민지에서의 억압은 신정 정권이 유지되는 한, 소수의 귀족과 성직자만이 특권을 누릴 수 있었다. 기독교는 오히려 빈민층의 복지를 방해하는 존재로 본 것이다. 루터의 종교개혁으로 많은 상인 계급과 귀족 계층은 큰 이득을 얻었지만, 대다수 민중은 개혁의 직접적 혜택을 거의 누리지 못했으며 오히려 더 어려워진 이들도 있었다.

마르크스가 반대했던 것은 바로 이 "기독교의 산물"이었고, 그의 시각에서 종교는 민중을 위한 것이 아니라 **기득권을 가진 자들**을 위한 것이었다. 이러한 역사적 배경 속에서, 『공산당 선언』의 첫 문장은 다음과 같다.

"지금까지 존재해 온 모든 사회의 역사는 계급 투쟁의 역사이다."[4]

나는 신의 존재를 부인한 포이어바흐나 종교는 인민의 아편이라고 말한 마르크스에게 이들의 사상으로 인하여 잃어버린 생명이 몇 명인지 알고 있는지 물어보고 싶다. 바울이 살인한 사람(간접적)이 한 명인데 반하여 공산주의 사상으로 죽어간 소련, 중국, 캄보디아 등에서 발생한 사망자 수가 적게는 2천만 명이고 많게는 일억 명에 이른다고 한다.

하지만 우리가 기억해야 할 것은 이 같은 살생의 원인 제공을 누가 했는가이다. 만일 교회가 예수의 십자가를 지며 자기를 부인하고 우리보다 가난하고 병든 자를 보살폈다면 단언컨대 공산주의나 사회주의가 발 디딜 자리가 없었을 것이고 이러한 사상이 탄생하지도 못하였을 것이다. 이들이 하나님을 부인하고 종교를 멸시한 이유는 물론 자신의 지식을 전적으로 신

---

4 https://www.marxists.org/archive/marx/works/download/pdf/Manifesto.pdf

뢰한 교만이 문제지만 '**주님**'의 이름을 잘못 사용하며 한낱 이 땅의 재물을 모으고 지키는 **용도**로 사용한 교회 역시 하나님의 심판을 결코 피할 수 없을 것이다.

그런데 '**주님의 용도**'는 과거의 문제가 아니다. 오늘도 똑같은 문제가 발생하고 있지만 우리는 이런 문제점을 보지도 인식하지 못하고 있을 뿐이다. 얼마 전에 선교회를 후원하시는 성도분께서 본인의 가정에서 구역 모임이 있으니 내가 쓴 두 번째 책을 가지고 참석해 주기를 요청했다. 나는 책도 소개하고 후원하시는 분들도 만날 겸 주일 저녁 그분의 집을 방문하였다. 나는 그다지 음식에 대한 욕구가 없지만 이날 이분의 집에 도착했을 때 오랜만에 갈비 굽는 냄새를 맡고 식욕이 당기기 시작했다. 맛깔스러운 한국 음식을 풍성하게 준비하셔서 혹시 나 때문에 다른 분이 드실 음식이 없을까 염려할 필요 없이 잔칫상을 받았다.

노숙자들과 생활하며 싫지만 해야 하는 일 중 하나는 햄버거를 먹는 일이다. 1980년에 이민을 와 45년이 지났지만, 햄버거를 맛있게 먹어본 기억은 없다. 그냥 배고픈 것보다 낫기 때문에 가끔 프랜차이즈 식당에서 먹어본 게 전부다. 그런데 노숙자들과 같이 생활하려니 선교회에서 최소한 두 끼를 해결해야 하는데 주방을 담당하고 있는 친구가 할 줄 아는 요리가 없다 보니 제일 만만한 게 햄버거였다. 그것도 유통기간이 넘은 고기를 오븐에 데워서 간단한 소스를 **뿌려** 그냥 배고프지 않기 위해 **먹는 음식**이다. 이렇게 먹기 싫은 햄버거를 매주 두세 번씩 먹다가 값나가는 한국 음식이 즐비하게 놓여있으니 '천국'(?)이 바로 여기였다.

식사를 다 마치고 식탁에 둘러앉아 돌아가며 인사를 나눈 후 나에게 질문

거룩한 도용 39

시간이 돌아왔다. 그런데 이 중에 한 분이 나의 가장 큰 약점을 치고 들어오셨다. 이분께서 목사님이 좋은 일 하시는 건 이해하는데 아내와 자녀에게는 불공정하다는 것이었다. 물론 나도 인정하는 일이라고 말씀드렸고 그 이유도 간단하게 설명했다.

계속해서 이분은 자신의 믿음을 소개하셨는데 내용인즉 나의 인생에 가장 중요한 것은 나의 행복이고 자신은 남을 위해 나를 희생할 수 없다고 솔직하게 말씀하셨다. 나도 솔직하게 이분께 "형제님같이 솔직한 사람이 예수를 만나면 회까닥합니다."라고 웃으면서 말씀드렸다. 자신이 회까닥하는 것이 두려우셨는지 이분도 웃으시면 그렇게 되는 것을 원하지 않는다고 받아치셨다. 나이는 나와 비슷하시지만 이렇게 솔직히 자신의 인생관을 나누시는 이분의 (실례지만) '재미있고 귀여운' 모습을 살짝 엿볼 수 있었다.

사실 나는 이런 분을 존중하고 교회에 나오시는 분 중에 이런 분이 더 있기를 바란다. 왜냐하면 자신의 한계를 분명히 인식하고 있고 이성과 믿음 사이에서 자기가 위치한 자리를 잘 알고 있기 때문이다. 내가 한탄하는 교회와 교인의 모습은 '하나님의 영광'을 위하여 커다란 희생을 감당하고 있다고 믿는 사람들이다. 더욱 안타까운 것은 '나라와 민족'을 위하여 하나님이 나를 사용하신다는 착각에 빠진 사람들이다. 내가 미국에 살고 있는 한국인이기에 더 잘 보이는 걸까? 두 나라에서 하나님의 영광을 위하여 교회와 나라를 지킨다는 사명을 받은 사람들로 인해 사회와 세상이 더욱 혼란하게 된 것이다.

나는 교회의 역사를 공부하며 이전에도 그리고 지금도 동일한 현상을 보게 되는데 바로 변하지 않는 '주님의 용도'가 언제나 주님의 뜻보다 우선이라는 것이다. 얼마 전 미국 보수 TV로 알려진 Fox 뉴스에서 트럼프 대통령이 각료회의를 진행하기 전에 기도하는 모습을 보여주며 미국 내에서 교회를 찾는 젊은이가 늘어나고 있다는 소식을 전한 바 있다.

또한 백악관 대변인 캐롤라인 래빗[5] 이 기자실 안으로 들어가기 전에 문 뒤에서 오늘도 기자들 앞에서 자신이 발표할 때 명확하게 자신감을 가지고 말할 수 있도록 예수의 이름으로 기도하는 모습을 보았다. 나는 기뻐해야 마땅한데 오히려 내 마음은 애통한 마음이 가득하였다. 트럼프 대통령이 안쓰럽고 래빗이 애처롭게 여겨졌기 때문이다. 예수의 이름은 들어봤지만, 아직 예수의 가슴을 체험하지 못한 것으로 보이기 때문이다. 주님의 뜻을 알지 못한 채 계속해서 '주님의 용도'만 알고 있기 때문이다. 이전에도 그리고 지금도 이 세상이 끝날 때까지 대부분 기독교인은 여전히 주님을 이용할 뿐 주를 위하여 이용당하길 거부하고 있다.

그렇다면 주님의 용도는 이렇게 권력과 결탁할 때만 발생하는 현상인지 아니면 사람의 일반적인 선택인지 궁금해할 수 있을 것이다. 답은 일반적인 선택이다. 왜냐하면 모든 사람의 목적은 나의 행복이고 주님은 이런 나의 필요를 채우기 위해 존재하기 때문이다. 법륜 스님 강연에 참석한 젊은 여성이 스님께 왜 나의 인생은 이처럼 어려운지요 하면서 자기가 괴로워하는 이유를 몇 가지 나열하였다.

그런데 이분의 속에 맺힌 것이 얼마나 진심인지, 이유를 말하는 동안 어린아이처럼 흐느끼며 눈물을 보였다. 법륜 스님의 강연을 몇 번 들어본 분

---

5 https://www.youtube.com/watch?v=vlxLp8NF2Qo&t=287s&ab_channel=FoxNews

은 느끼셨겠지만 스님의 대답은 종종 질문한 분이 무안할 정도로 강한 진리의 '훅'을 날리는데 이렇게 마음이 여린 젊은 여성에게 평소처럼 한 방 날리지는 못하셨다. 우는 아이 떡 하나 더 준다고 오늘만은 스님도 이분을 살살 달래가며 설명하시는 모습을 보며 나의 마음이 포근해졌고 스님을 통해 이분이 위로를 받고 더 나가서 진리의 예수를 만날 수 있기를 소망하였다.

법륜 스님을 찾아간 여성의 모습을 보며 사람이 찾는 종교의 목적은 모두 다 한 방향이고 그것은 역시 나의 행복임을 다시 한번 공감하였다. 여기에서 이 책을 읽으시는 독자분들께 드리는 질문은 나의 주님은 내가 필요한 용도에 따라 움직이는 종인가 아니면 그분 발 앞에 엎드린 내가 종인지 구분하는 것이다. 우리가 얼마나 인정할 수 있는지는 각자의 몫이지만 대부분 경우 우리는 계속해서 **'주님'**이라고 이름은 부른다. 하지만 사실 역할에 있어서 '주님'은 나이고 '신'은 우리가 필요한 용도에 따라 사용하는 도구에 불과하다.

나는 트럼프 대통령을 좋아하는 사람이 아니지만 이분이 하신 일 중에 당연히 공감하는 부분이 있다. 그중에 가장 첫째는 정부 지출을 감축한 것이다. 물론 이 과정 속 많은 실업자가 생겼고 일론 머스크의 제거 작업이 국민에게 엄청난 반발을 일으켰지만, 이 일은 언젠가는 꼭 해야 할 일이라고 많은 이들이 지적한 바 있다. 다만 트럼프 대통령과 머스크의 불도저 밀어내기식 감축 방법은 대중을 분노로 몰아넣었고 민주당에 탄핵의 빌미를 주어 이 정책은 물론 트럼프 행정부가 실패로 끝날 확률이 높아졌다. 수십 년 동안 다져온 정부 구조인 만큼, 필요를 공감하는 바이지만, 구조 변경을 몇 단계로 나눠서 차기 대통령이 이어 나갈 수 있는 방향이어야 국민도 이해하고 더 효과적인 방향이 되었을 것이다.

그런데 이렇게 많은 불필요한 지출이 생기게 된 이유는 무엇인지 생각해 볼 필요가 있다. 이 답은 경제학자들이 답할 문제이지만 나의 짧은 지식은 달러의 위상이 만든 체제라고 생각한다. 국제 통화국이 된 미국에서 새 소업이 사라지다 보니 국민이 일할 자리가 부족해지고 결국 일자리를 제공하기 위해 나라에서 더 많은 일자리를 만들어 채용을 감행한 것이다. 하지만 이제 국채가 GDP보다 높고 달러의 횡포에 대항하는 나라들이 모여 다른 통화를 찾는 시점에 이 많은 공무원을 먹여 살리기는 더 이상 불가능한 것은 자명한 사실이다. 이 과정에서 내가 보고자 하는 것은 동물의 세계에서 말하는 먹이사슬과 비슷한 개념인데 바로 인간의 **'이익 관계'**다.

국가도 교회도 모두 사람이 모인 단체이고 이 모든 단체의 목적은 첫째, 나에게 돌아올 이익이 있어야 한다. 성경에 등장하는 인물 중에 '라합'이라는 여인이 있는데 이분의 정체에 대하여 적지 않은 논쟁이 있다. 유대인 정치가이자 역사학자인 플라비우스 요세푸스(기원후 37년경 ~100년경)에 따르면 라합은 여관주인이었다. 하지만 라합이 여관에서 매춘을 운영했는지는 침묵하고 있다.

이에 대하여 John Calvin은 'Innkeeper'(여관주인)라는 해석에 강한 반박을 제기하며 성경을 함부로 왜곡한 것이라고 질책하였다. 비슷한 논쟁이 유대교에도 발생하는데, 탈무드는 매춘부로 받아들인 반면, 아라믹 탈무드(Targum Jonathan)는 '여관주인'으로 해석하고 있다. 성경에서 사용된 히브리어 הָנָה (zanah)는 총 93번 사용되었고 모두 '매춘', '매춘부'로 번역되었기 때문에, 다른 논의가 필요 없는 듯하다. 그런데 매춘이라는 단어가 불편했는지 한글 성경은 대부분 '기생'으로 번역하고 있다.

우리가 주목해야 하는 사건은 이 여성의 직업이 아니다. 이스라엘에게 자기 나라와 이웃을 팔아먹은 충격적인 사건의 주인공이라는 것이다. 물론 성경에서는 이 여인의 행동을 의롭게 여겼고 이분의 이름은 예수의 족보(마태 1)에도 나오는 엽기적인 사건이 되었다.

> 마태 1장 5 살몬은 **라합**에게서 보아스를 낳고 보아스는 룻에게서 오벳을 낳고 오벳은 이새를 낳고 6 이새는 다윗 왕을 낳으니라. 다윗은 우리야의 아내에게서 솔로몬을 낳고

보통 사람의 사고로 볼 때 이 여인에게 인간적인 면이 있을지 의심하지 않을 수 없지만, 하나님의 구원 계획에서 이 여인의 행동은 이스라엘을 도운 것뿐만 아니라 구원자로 오시는 예수의 탄생을 준비한 것이라 이해할 수 있을 것이다. 하지만 다시 보통 사람의 사고로 이 여인의 행동을 분석할 때 이분의 결론은 나와 내 가족을 살리기 위해 나라와 이웃을 버린 지극히 이기적인 행동이다. 그리고 이와 같은 행동은 그 누구라도 똑같은 상황에 놓였을 때 같은 선택을 하게 될 것이다.

하지만 이러한 논리에 반박하는 분도 있을 것이다. 나라를 지키기 위해 싸우다가 장렬하게 숨진 열사들을 생각하면 모두 라합과 같은 결론에 다다르지 않을 것이라고. 그러나 열사들이 나라를 위해 싸우게 된 동기가 무엇인지를 따진다면 라합의 행동을 더 이해할 수 있고 동시에 인간의 선택은 언제나 동일하다는 사실을 알 수 있을 것이다.

첫째, 열사들이 나라를 위해 싸울 때 이들이 국가의 무엇을 지키려고 싸운 것일까 생각해 보아야 할 것이다. 그곳에는 **나**의 고향과 가족이 있고 **내**

가 누려왔던 자유와 **나를** 만들어준 가치관이 있기 때문일 것이다. 나에게 아무런 이익이 없다면 그 누구도 생명을 바쳐가며 나라를 지키기 위해 싸우지 않을 것이다.

이런 논리에서 볼 때 라합은 비록 같은 동족이지만 자기의 몸을 망가뜨리며 목숨을 연명해야 하던 그 자리에서 가치를 느끼지 못하였을 것이고 인간의 본성에 충실한 사람들로 둘러싸인 그 땅에서 자신을 구원하고 싶은 의지가 있지 않았을까 추론해 본다 결국 지켜야 할 대상은 내가 받을 이익을 포함하고 있을 때 일이지, 나와 아무 상관 없는 나라를 위해 목숨을 바쳐가며 싸울 열사는 없다는 것이다.

둘째, 열사들이 싸우는 또 하나의 이유는 침략을 당하였기 때문이다. 그리고 침략자들은 의도는 결국 나의 것을 빼앗아 자기 것으로 만들고자 하는 분명한 목적이 보이기 때문에 나의 이익을 잃지 않기 위해 싸우는 것이다. 혹시라도 침략자들의 동기가 내가 가지고 있는 것보다 더 좋은 것으로 더 좋은 세상을 우리에게 선물하기 위해 찾아왔다면 총칼이 아니라 환영식을 열면서 이들을 맞이하겠지만 인류의 역사상 이런 침략자는 없었다.

결국 라합도 우리와 같은 사람 중 하나이다. 다만 하나님이 계획하신 구원의 설계도에 하나님의 섭리안에서 그 자리에 있던 것이다. 이러한 인간의 기본적인 필요 앞에서 이스라엘과 교회는 수천 년 동안 때에 따라 적절히 용도에 맞게 주님을 활용하여 우리의 욕구를 만족시킨 것이다. 그래서 지금도 한국과 미국 교회가 똑같은 역사를 되풀이하고 있는데 그 이유는 인간의 가장 밑바닥인 이익 관계에서 헤어나오지를 못하고 있기 때문이다.

이기적인 진실

이러한 인간의 본성을 성경에서는 죄라고 하는데 사람의 관점에서는 오히려 당연한 사실이다. 그래서 구역 예배에서 만난 분이 나의 행복이 우선이라고 말씀하실 때 솔직하게 제 입장을 내비치는 모습이 오히려 나의 눈에 이분이 정직한 사람으로 보이게 만든 것이다. 하지만 여기에서 구독자분들이 스스로 질문해야 할 것은 이기적 행복이 가져오는 파괴성에 우리가 보호받을 수 있는가이다.

한국과 미국은 오늘도 전쟁터이다. 한국에서는 국민의 힘 대선 후보자들이 이재명 대표를 이길 수 있는 사람은 나라고 선전하는가 하면 모든 후보자를 물리치고 내가 후보가 되겠다고 나선 전광훈 목사가 있다. 미국에서는 과두정치, 파시즘 정치를 몰아내자고 트럼프 행정부에 대항하는 국민운동이 전국적으로 퍼지고 있기 때문이다. 물론 국가는 언론의 자유를 보장하면서 법의 보호 아래서 문제를 해결하고자 하지만 집단이 추구하는 이익이 이루어지지 않을 때 마지막 방법은 총과 칼이 된다는 사실을 잊지 말아야 할 것이다.

미국 역사와 한국 역사에 시대적 차이는 있지만 둘 다 남북전쟁을 지나온 경험이 있다. 내가 태어난 나라, 자라온 나라가 이런 역사를 갖고 있다 보니 나와 비슷한 시기에 태어난 사람들은 알고 있다. 우리가 얼마나 행운아 들인지. 바로 우리 부모의 시대는 전쟁을 지나왔지만 1964년에 태어나

1980년 미국에 이민을 온 나는 동네에서 발생한 살인 사건 외에는 전쟁이 어떤 것인지 어떤 환경이 전쟁 뒤에 펼쳐지는지 책에서 배운 것이 전부이기 때문이다.

이렇게 나는 전쟁을 한 번도 경험하지 않은 채 오늘이라도 잠들 수 있지만, 세상 돌아가는 모습을 보면 우리 아이들이 과연 나처럼 전쟁을 겪지 않고 살 수 있을지 의심하지 않을 수 없다. 물론 이것은 나의 가정이고 운 좋게 우리 아이들도 전쟁이 아닌 "Make America Great Again", 한국을 더 위대하게 만드는 인재들이 될 수도 있을 것이다.

우리의 앞날을 누가 알 수 있을까마는 인간의 이기적 행복은 결국 파괴를 가져온다는 역사의 증거가 다분하다. 그리고 지금도 이 파괴를 향하여 가고 있는 것을 역사학자들과 경제학자들이 숨죽이며 지켜보고 있다. 물론 이들이 가끔 경종을 울리는 목소리를 내지만 모든 시선이 주식 시장과 채권 시장 그리고 전자 화폐 시장을 바라보느라 나머지 소리는 모두 '잔소리'로 처리되고 있다. 그만큼 이 이익 관계는 사람의 눈을 멀게 하고 서로를 향해 총구를 겨눌 수 있는 동기부여가 되는 것이다.

지금 이 글을 쓰는 날은 2025년 4월 20일 부활절이다. 그리고 백악관에서 발표한 부활절 메세지를 읽으면서 또 한 번 나는 내 이마를 들이박았다. 대통령의 메세지 마지막 부분을 번역하면 다음과 같다.

"이번 성주간(Holy Week)을 맞아, 저의 행정부는 학교, 군대, 직장, 병원, 그리고 정부 기관 등 공적 영역에서 기독교 신앙을 수호하겠다는 약속을 다시 한번 천명합니다. 우리는 종교의 자유를 지키고, 생명의 존엄을 존중하며, 공공의 장소에서 **하나님의 자리를 보호**하는 일에 있어 결코 흔들리지 않을 것입니다.

우리는 그리스도의 구속의 희생에 집중하며, 삶의 가장 어렵고 불확실한 순간 속에서도 보여주신 그분의 **사랑, 겸손, 순종을 바라봅니다.** 이번 주간, 우리는 사랑하는 이 나라 위에 성령의 충만한 부으심을 위해 기도합니다. **미국이 전 세계를 위한 믿음, 소망, 자유의 등불로 남아 있기를 기도하며, 하늘에 있는 그리스도의 영원한 나라가 지닌 진리, 아름다움, 선함을 반영하는 미래를 이루기를 소망합니다.**

이 특별한 시기에 하나님께서 여러분과 여러분의 가족을 축복하시기를, 그리고 미국을 계속해서 축복하시기를 기도합니다."[6]

대통령의 메세지를 읽으면서 과연 세상 사람들은 무슨 생각을 하게 될까? 자국의 이익을 위하여 상대국을 무릎 꿇게 하면서 그리스도의 사랑, 겸손, 순종을 어떻게 실천하겠다는 말인가? 아무리 생각해봐도 내가 본 트럼프 대통령이 지키시고 싶은 것은 영원한 천조국 미국과 기축통화인 달러이지, 그리스도의 영원한 나라가 아니라는 것이다.

참 놀라운 것은 똑같이 반복되는 역사지만 그때마다 똑같은 실수를 똑같은 과정을 통하여 번복하여 많은 살생과 비참한 결과를 맞이한다는 것이다. 말은 '그리스도의 영광'이라고 하지만 결과는 나의 **이익**을 챙기는 것이

---

6 https://www.whitehouse.gov/briefings-statements/2025/04/presidential-message-on-holy-week-2025/

니 예나 지금이나 똑같이 **주님의 용도**를 찾는 것이다.

　바울은 자기가 그동안 믿어왔고 소중하게 여겼던 전통과 교육도 결국은 자신의 이익을 위한 과정이라는 것을 예수를 만난 후에 알게 된 것이다. 복음서에 기록된 바리세인의 실체(마태 23:1-39)를 본 후 그동안 자신이 목숨을 바쳐 지키려 했던 가치가 한낱 배설물 같은 존재였고 오히려 '해'로 여기게 됐다. 그럴 수밖에 없는 것이 인간의 모든 관계가 이익을 바탕으로 형성되었기 때문에, 바울은 자신에게 남아 있는 근본적인 사람의 이기적인 실체가 자신에게 너무 무거운 짐이 된 것이다(롬 7:24).

바울의 역행

　이기적인 실체를 인정하고 개인의 행복을 위해 노력하는 대중을 향하여 내가 할 말은 없다. 나름대로 각자 가지고 있는 도덕의 기준이 있고 함께 지켜온 가치관(헌법)이 있으니 특별한 경우가 아니면 대중은 이 기준에 맞추어 삶을 지향하고자 한다. 하지만 대중과 함께 내가 간절히 바라는 것은 급변하는 세계질서와 경제변화를 인식하고 대중을 잘 인도할 수 있는 지혜로운 인도자가 나타나는 것이다. 물론 대중이 선택한 지도자가 얼마나 위험한지 한국과 미국이 현재 경험하고 있지만, 이것이 다수의 국민이 바라는 소망이다 보니 이 촛불이 꺼지지 않도록 바랄 뿐이다.

　이러한 대중의 선택이 있는가 하면 인간 사회의 불확실한 현실 앞에 더 이상 개인의 미래를 맡길 수 없어서 선택한 곳이 절과 교회이고 이외의 다수는 '신 내린' 사람을 찾기도 한다. 각자 개인의 삶에서 최선을 다하지만 아무도 알 수 없는 불안한 미래에 '신의 한 수'를 기대하는 것이다. 그것도 모자라 셋 중에 한 개가 아니라 '절 + 무당' 또는 '교회 + 사주팔자' 등 맥도날드 패키지 식사같이 한 번에 구입해 가능한 많은 복을 모아 보려는 사람이 종교 사회에서 어렵지 않게 볼 수 있다.

　그나마 감사한 것은 절에 다니는 분에게는 법륜 스님처럼 사람에게 치료와 소망을 주시는 분이 있고 가톨릭교회는 바티칸의 교황이, 개신교에는 비록 적은 숫자이지만 깨어난 지도자가 있어 감사드린다. 하지만 이 모든 노력의 효능이 얼마나 되는지 아무도 알 수 없다. 결과는 모두 다 죽어봐야 아는 것이다. 왜냐하면 현실적 종교의 가치와 목적은 불안한 세상에서 그나마 내 마음이 편할 수 있는 방법 중 하나이고 나의 삶이 좀 더 윤택해질 수 있는 '도우미' 정도이기 때문이다. 사후 세계는 어차피 나중 일이니까 지금 고민할 이유가 없다는 논리이다.

이 같은 논리를 가지고 신앙인과 무신론자를 비교한다면 교회에 나가는 사람과 무신론자는 다를 바가 하나도 없다. 둘 다 똑같은 목적을 가지고 자기가 선택한 길이 최선이기를 바라며 행복을 향해 가고 있는 것이다. 오히려 스스로 노력하여 행복을 만들려고 노력하는 무신론자보다 신에게 도움 받아 행복을 차지하려고 하는 교인들이 더 이기적이고 비양심적인 셈이다. 그래도 목사로 안수받은 내가 교인이 더 이기적이고 비양심적이라고 하는 것은 못 할 말이라고 할 수 있지만 반면에 이 말이 신의 징계를 면하게 하는 효과를 창출한다면 한 번 더 생각해 볼 문제다.

뿐만 아니라 무신론자와 같은 목적으로 교회에 나온다면 이것이야말로 큰 손실이기 때문이다. 그 이유는 다음과 같다.

첫째, 시간 낭비. 행복을 위한 노력은 여러 가지 있지만, 교회에 나오는 시간에 한 시간 운동을 더 하거나 한 시간 일을 더 하는 것이 더 효율적일 것이다. 왜냐하면 나의 행복을 위해 교회에 나온다고 그 시간에 상당하는 대가를 신이 약속하지 않으셨기 때문이다. 물론 많은 목사가 성경 여기저기서 적당한 구절을 골라내어 교회에 나오면 하나님의 복을 약속하지만 사실 이런 설교는 하나의 마케팅이지 하나님의 약속이 아니다. 그렇다면 어떤 약속을 하셨는지, 어떻게 하면 신의 축복을 받는지는 나중에 소개하고자 한다.

둘째, 물질 낭비. 교회에 나오려면 차에 기름도 넣어야 하고 적당히 헌금도 챙겨야 하고 또 가끔 교인들도 초대하여 식사도 대접해야 하기에, 소모되는 비용이 적지 않다. 물론 사회적 지위와 체면을 위하여 이 정도 소비를 감당할 수 있다면 큰 손해는 아닐 것이다. 다만 교회에 헌금을 하였기 때문에 교인들에게 저녁 식사를 대접하였기 때문에 무엇인가를 하나님으로부터 기대하지는 마시라고 미리 알려드리고 싶다.

셋째, 대기의 낭비. 공장관리의 7대 낭비 중에 대기의 낭비가 있는데 물건이 시간에 도착하지 않을 때, 작업자가 다음 작업을 위해 대기하는 시간 등을 일컫는 말이다. 이것을 교회에 적용하자면 하나님의 계획은 이미 다른 곳에 있는데 나는 계속해서 내 계획을 가지고 신에게 나가는 것이다. 신이 없다면 그냥 내 뜻대로 일을 처리하면 되는데 애매한 신에 대한 기대로 인해 대기의 낭비가 발생하는 것이다.

그런데 이런 것보다, 가장 큰 손실이 있는데 네 번째 것이 그것이다. 바로 성경이 말하는 영원한 형벌이다. 무신론자보다 더 큰 형벌을 받을 수 있는 사람들이 바로 자기의 필요에 따라 '주님의 용도'를 결정한 사람들이기 때문이다. 예수께서 하신 말씀 중에 연자 맷돌을 목에 걸어 깊은 바다에 빠뜨리는 것이 오히려 낫다고 하신 구절이 있다(마태복음 18:6). 무슨 죄를 얼마나 지어서 이렇게 끔찍한 경고를 하신 것인지 살펴볼 필요가 있다.

먼저 마태복음 18장은 제자들이 천국에서 누가 큰 자인지 예수께 물어보며 대화가 시작된다. 제자들의 이 논쟁은 복음서에서 계속 등장하는 주제인데 쉽게 말하자면 사람이 원하는 사회적 위치와 소유를 통한 행복을 천국에서 누가 소유할 것 인가라는 질문이라고 해석할 수 있다. 예수께서 답하시기를 어린아이처럼 되지 않으면 결단코 천국에 들어갈 수 없다고(3절) 말씀하시는데 이 말은 우리가 찾는 행복의 방법과 목적을 내버리고 어린아이처럼 되지 않는다면 천국에서의 서열과 아무 상관 없는 낯선 사람이라고 장담하신 것이다. 더 나가서 나의 행복을 찾기 위해 동분서주하다가 혹시라도 이 땅에서 모든 것을 내버리고 어린아이처럼 예수를 따르는 자를 나의 방종으로 인해 실족하게 하였다면 예수께서 말씀하신 연자 맷돌의 주인공이 될 것이라는 경고의 말씀이다.

한국이나 미국에 많은 교회가 있고 수많은 교인이 있지만, 언제부터인가 교회에서 실족한 사람들이 교회를 떠나 집 잃은 강아지처럼 쓰레기통을 뒤지는 현상이 일어나고 있다. 고등학교 때부터 나에게 도움을 주신 선배가 뉴욕에서 목회를 하셨는데 이분이 섬기시던 교회에서 상처를 받고 나오신 분의 이야기를 들었다.

이분에게 어린 아들이 있는데 여느 주일처럼 예배를 마치고 친교 시간이 되어 아이들은 아이들대로 교회를 운동장 삼아 뛰어다니고 어머니들은 커피를 마시며 교제를 하고 있었다. 그런데 아이들이 2층에서 공을 아래도 떨어뜨리며 재미있게 놀았는데 이 광경을 지켜보던 장로님이 2층으로 올라가 아이들을 야단치시다가 아이의 뺨을 내려치신 것이다. 마침 2층으로 올라오던 어머니가 이 광경을 목격하고 너무 무안하여 장로님께 대들지는 못하고 이이를 데리고 1층으로 내려왔다고 한다.

이 사건 이후에 장로님은 어머니께 사과했지만, 아이의 어머니는 목사님께 이 사실을 알리고 교회 차원에서 장로님께 공식적인 사과와 면책을 원했다. 그러나 선배 목사는 이 일은 무마하고 공론화하는 것을 허락하지 않으셨다고 한다. 결국 이 어머니는 10여 년 다니던 교회를 떠나셨고 나를 만난 시점까지 교회를 정하지 못하시고 떠돌이 양이 됐다.

한 교회 목사님이 장로를 치리하는 것은 매우 신중하고 어려운 일이다. 더군다나 이 장로님이 교회를 세울 때 큰 헌금을 하셨거나 교회에 지대한 공을 세우신 분이라면 더욱 어려울 것이다. 하지만 여기에서 장로님과 목사님의 잘못으로 두 명의 작은 자를 실족하게 했다. 어쩌다가 이렇게 남의 자식 뺨을 내리치는 미성숙한 분을 장로로 세우셨는지 내가 알 수는 없지만 짐작하건대 자격 미달인 분이 자신의 재력이나 인맥을 이용하여 사회적 위치를 높이려 목사님과 교회를 이용하였고 이분을 받아들인 목사님도 이 장로님을 통하여 얻어지는 이익이 있었기에 이분을 장로로 세우신 것이 아닐까? 물론 손찌검까지 하지는 않더라고 교회에 자기의 이익과 행복을 추구하는 사람이 많다 보니 여기에서 실족하는 사람도 자연히 많아지는 것이다.

그래서 연자 맷돌로 목걸이를 하지 않으려면 차라리 하나님과의 인연을 정리하고 정직하게 자신의 운명을 직접 관리하며 무신론자와 같이 자신의 행복을 위하여 공정하게 노력하기를 추천하는 바이다. 무신론자가 되기에는 삶이 너무 무의미하고 그렇다고 연자 맷돌을 목에 걸 자신은 없다면 나머지 선택은 무엇이 있을까? 그것은 바로 나의 **용도**를 아는 것이다.

바울이 택한 곳은 유대인 중에 가장 높은 위치에 있는 바리세인이 되는 것이었고 그 목적을 위해 가장 저명한 선생인 가말리엘에서 수학하였다. 하지만 그리스도 예수를 만나면서 삶의 방향이 역행하기 시작하는데 그것은 첫째, 이제껏 자신이 믿고 있던 삶의 방향과 목적이 자신은 물론 사회에 해가 되는 길이라는 것을 알게 되었고 둘째, 자신이 확신하던 신의 존재와 신께 대한 충심이 완전히 오판이라는 것을 알게 된 것이다.

　인생은 참 허무한 것이다. 아무리 용을 써봐도 때가 되면 다 늙는 게 사람이고 그러다가 한 줌의 흙으로 돌아가는 것이다. 그 짧은 시간을 더 알차게 사용하려고 시간을 쪼개서 더 많은 것을 이루려 노력하고 내가 만든 모래성보다 더 멋있고 화려한 성을 보면서 자신에게 동기부여를 하다가 때가 되면 가는 것이다. 물론 나도 때로는 그 화려한 성을 바라보며 내 나이 60에 이룬 것이 무엇인가 잠시 탄식하던 때가 있다. 그러나 잠시뿐이다. 모든 것이 다 지나가는 바람이고 흐르는 물일 뿐이다.

　나의 어머니는 2015년 5월에 하늘나라에 가셨고 아버지는 94세이시지만 아직 가실 기미가 안 보인다. 그래도 가실 날이 얼마 남지 않으신 것은 누구나 다 짐작할 수 있다. 오래오래 더 사시기를 바라지만 때가 되면 다 가는 것이다. 어제 아침에는(2025년 4월 21일) 프랜시스 교황이 88세로 서거하셔서 많은 사람이 슬픔에 잠기는 하루가 되었다. 물론 어떤 사람은 세상을 떠날 때 많은 사람이 기뻐하기도 하지만 의인이 세상을 떠나면 세상은 그만큼 더 차가운 곳이 된다.

　그럼에도 불구하고 시간은 공평하다. 부자도 가고 가난한 자도 간다. 그 가운데 더 가치 있는 일을 찾아서 더 의미 있는 시간을 보내고 그 과정에서 타인에게 인정받는, 선망의 대상이 되고자 노력한다. 사울도 그런 사람 중 한 명이었다.

바울의 용도

하지만 예수를 만나는 날 모든 게 뒤집히게 된다. 첫 번째로 바뀐 것은 자신의 '용도'다. 사람은 누구나 자신의 의미를 찾는다. 그 의미를 알기 위해 대인관계가 형성되고 의미를 만들기 위해 공부도 하고 사업장에서, 직장에서 고된 하루를 보낸다. 사람의 의미는 어떻게 주어지는 것인지 누구나 다 한 번쯤은 생각해 보았을 것이다. 물론 창조론을 믿는 사람에게는 이 질문은 필수적이다. 진화론을 믿는 사람은 자기 성향과 능력에 따라 스스로 의미를 만들 수 있다.

그렇지만 신의 존재를 믿고 인간은 신이 만드신 피조물이라고 가정한다면 그 의미가 무엇인지 사춘기를 지날 무렵, 이 질문을 품고 많이 고민하였을 것이다. 이 질문은 변증학을 공부하면서 좀 더 자세히 다루는 주제인데 인간의 존재가 무엇인가(존재론) 그리고 어떤 목적(목적론)을 위하여 만들어졌는가이다. 창조론을 믿는 사람에게 신이 있는지 없는지 물어본다면 질문한 사람을 바라보며 인상을 찌푸릴 수 있다. 신이 있으니까 창조론을 믿는다는 논리가 성립되었기 때문이다. 하지만 신을 믿지만 왜 신이 나를 만들었는지 왜 내가 여기에 존재하는지 물어본 교인들이 얼마나 될까?

조금 거창한 단어인데 변증학에서 사용되는 단어 중에 우주론적 논증이 있다. 이 논리를 쉽게 정리하면 다음과 같다.

1. 시작이 있는 모든 것에 원인이 있다.
2. 우주에는 시작이 있다.
3. 그러므로 우주에는 원인이 있다.[7]

그리고 이 원인을 찾다 보면 우주의 창조자를 만나게 된다는 것이다. 이 논리도 간단하게 정리하면 다음과 같다.

1. 모든 디자인에는 디자이너가 있다.
2. 인간 중심 원리*에 의해 검증된 바와 같이 우리는 우주가 합리적 의심의 여지 없이 설계되었다는 것을 알 수 있다.
3. 그러므로 우주에는 디자이너가 있다.[8]

*인간 원리(Anthropic Principle)는 철학적이며 과학적인 개념으로, 인간의 존재와 우리가 우주를 관찰할 수 있다는 사실이 곧 우주가 생명체의 출현을 허용하는 방식으로 구성되어 있어야 함을 시사한다고 말한다. 본질적으로 우리는 관찰자가 존재할 수 있는 우주에서만 존재할 수 있다는 전제를 담고 있다. 이 원리는 우주론에서 자연의 특정한 기본 상수들이 생명체의 존재에 매우 정밀하게 맞춰져 있는 것처럼 보이는 이유를 설명하는 데 자주 사용된다.

사람의 의미는 누구나 다 만들 수 있지만 신을 받아들이는 순간 인정할 수밖에 없는 사실은 신이 우주를 만드신 원인이 있고 우주 안에 인간이 거

---

7 I don't have enough faith to be an Atheist. Norman L. Geisler Frank Turek (Crossway 2004, p. 75)
8 Ibid. p.111

주할 수 있는 이 땅을 디자인(목적)하신 것처럼 개인에게도 그 원인과 목적이 있다는 것이다. 하지만 신의 거대한 계획이 우주를 만들었다고 해도 과연 80억 인구를 만드실 때 한 사람의 원인과 목적을 개별적으로 만드신 것일까? 하나님이 한 사람씩 이름을 부르지는 않으셨지만, 누가복음 12장에서 예수께서 하신 말씀을 인용하면 하나님과 인간의 관계가 어느 정도 인지 감지할 수 있다.

> 6 참새 다섯 마리가 두 앗사리온에 팔리는 것이 아니냐 그러나 하나님 앞에는 그 하나도 잊어버리시는 바 되지 아니하는도다.
> 7 너희에게는 심지어 머리털까지도 다 세신 바 되었나니 두려워하지 말라 너희는 많은 참새보다 더 귀하니라.

이 구절을 변증학 3단계로 구분하자면

1. 하나님은 참새 다섯 마리중에 하나도 잊지 않으신다.
2. 사람은 참새보다 귀하여 너희의 머리털 숫자까지 아신다.
3. 하나님은 각 사람을 각별히 창조하셨다.

물론 좀 더 자세히 논리적으로 증명해야 하지만 세 줄로 정리하기 위해 약간의 이론을 건너뛰었다. 나는 이 구절을 통하여 이런 추론에 도달한다: 머리털 숫자를 안다는 것은 그만큼 각별하다고 할 수 있고 그 말은 모든 사람을 일일이 하나님의 필요와 목적에 따라 만드셨다. 하나님이 사람을 만드실 때 장기판의 돌처럼 모든 돌에는 이유와 목적이 있듯이 모든 사람에게는 신이 주신 '용도'가 있다.

애굽 왕은 이스라엘을 핍박하는 용도가 있었고 애굽의 현인들과 마술사들은 모세와 대항하여 뱀을 만드는 요술을 부리는 일을 하였다. 사람이 어떤 용도를 위해 만들어졌는지 질문한다면 썩 듣기 좋은 소리가 아니다. 하나의 인격을 도구로 부리는 일은 노예나 종에게나 적합한 일이지 나에게는 무례한 소리가 될 수 있다고 생각하기 때문이다. 하지만 기억해야 할 것은 사람은 언제나 하나님을 필요한 용도에 따라 사용해 왔다는 것이다. 그러므로 하나님을 인정한다면 우리의 자존심을 내려놓고 나의 용도가 무엇인지 물어보는 것이 나를 위해 할 수 있는 가장 위대한 선택일 것이다.

바울이 다메섹으로 가는 길에서 예수를 만난 후 처음 받은 지시는 6 너는 일어나 시내로 들어가라 네가 행할 것을 네게 이를 자가 있느니라 하시니 (행9장). 그 후 '아나니아'라는 제자를 통해 바울에게 다음과 같은 용도를 처방하신 것이다.

> 15 주께서 이르시되 가라 이 사람은 내 이름을 이방인과 임금들과 이스라엘 자손들에게 전하기 위하여 택한 나의 그릇이라.
> 16 그가 내 이름을 위하여 얼마나 고난을 받아야 할 것을 내가 그에게 보이리라 하시니

물론 바울과 같이 예수의 직접적인 개입으로 구체적인 지시를 받은 사람이 얼마나 있을까마는 내가 예수를 믿는 사람 중에 하나라면 하나님은 나를 바라만 보고 계시지 않으실 것이다. 왜냐하면 예수께서 "추수할 것은 많되 일꾼이 적으니 그러므로 추수하는 주인에게 청하여 추수할 일꾼들을 보내주소서 하라"(눅 10:2) 말씀하셨기 때문이다. 물론 땅끝까지 복음이 전파된 이 시점에 과연 추수할 것이 많이 있는지, 아직도 일꾼이 더 필요한지는

전문가에게 물어봐야 하겠지만 내가 보는 세상과 교회에는 추수할 것이 아직도 수두룩하고 일꾼은 여전히 부족하다.

그래서일까 최근에 나와 가장 오랜 시간 교제하던 친구가 몇 주 전에 갑자기 반신불수가 되었다. 약 한 달 전 목이 아파 일을 하지 못하고 통증 병원을 가보았지만 특별한 원인을 찾지 못하였다. 그리고 며칠 후 어떤 경과가 있었는지 궁금하여 전화해 보니 대형 병원 응급실을 통하여 수술을 받고 회복 중이었다. 그런데 수술은 잘 마쳤지만 손발이 움직이지 않는 것이었다. 친구는 물론 친구의 아내와 자녀들이 모두 패닉 상태가 되었고 의사가 더 이상 할 수 있는 일이 없었기에 하나님께 간절히 기도할 수밖에 없었다.

처음 병원을 방문하여 친구의 손을 잡고 기도할 때 친구의 눈에서 눈물을 보았는데 얼마나 친구의 마음이 절실한지 눈에 보였다. 이 친구는 나보다 나이가 많아서 사실 형님이라고 해야 하지만 거의 30년을 알고 지낸 사이다 보니 어느 정도 나이의 터울을 넘어서게 되었다. 한국에서 공대를 졸업하고 명철한 머리를 가지셔서인지 신에 관한 질문은 있지만 보이지 않는 존재에 선뜻 자신을 내려놓지 못하였다. 친구의 아내와 내가 오랜 시간 협공을 하였지만 믿음으로 세계로 자신을 들여놓진 못한 것이다.

그런데 병상에 누워 몸을 움직이지 못하게 되자 본의와 상관없이 신의 존재를 찾게 되었다. 그 후 나는 이삼일에 한번 친구를 찾아가 말동무가 되었는데 어제는 전동 휠체어에서 수동 휠체어로 바꾸고 조금씩 걷는 연습을 하고 있었다. 기도하기는 하루 속히 두 다리가 튼튼해져서 정상적인 생활로 돌아갈 수 있기를 바란다.

그러나 두 팔다리가 정상적인 것 보다 친구의 아내와 내가 바라는 것은 이 친구가 하나님의 용도를 깨닫는 일이다. 내가 아는 이 친구는 한마디로 '선비'라고 할 수 있다. 말과 행동이 매사에 신중하고 결코 남에게 해를 입히지 않는 사람이다. 물론 예리한 판단력으로 사물에 대한 부정적인 견해가 남다른 것이 약점이지만 종합해 보면 하나님이 사용할 충분한 '인애'가 겸비된 사람이다. 나는 이 친구와 함께 30여 년을 지나왔는데 앞으로 남은 시간을 함께 하나님을 섬길 수 있다면 더없이 기쁠 것이다.

용도 변경 1

바울이 예수께 호명된 후에 제일 먼저 포기한 것은 혈육 관계이다.

> 그의 아들을 이 방에 전하기 위하여 그를 내 속에 나타내시기를 기뻐하셨을 때에 내가 곧 혈육과 의논하지 아니하고(갈 1:16)

보통 사람이라면 바울이 태어난 고향에 있는 부모가 먼저이고 그 다음은 형제자매 그리고 친구 순으로 자신이 다메섹으로 가는 길에서 만난 예수를 소개하고 앞으로의 진로를 함께 상의하였을 것이다. 그런데 바울이 예수를 만난 후에 성경에 기록된 가족은 바울의 조카(행 23:16) 그리고 바울보다 먼저 예수를 만난 바울의 친척 안드로니고와 유니아(롬 16:7)가 전부다.

가족이 등장하지 않는 이유를 구체적으로 알 수 없지만 두 가지를 추론해 보면 첫째, 자신을 전통적인 바리세인으로 교육한 부모님을 설득하는 것보다 더 중요한 것은 예수께서 명하신 이방인과 임금들과 이스라엘 자손들에게 예수를 증거하는 일이었다. 둘째, 바울이 무슨 이유에서 아라비아로 갔는지는 따져봐야 하겠지만 바울이 태어난 다소는 북쪽이고 아라비아는 남쪽이다. 따라서 고향보다 더 중요한 임무가 있었는지 먼저 아라비아를 택한 것이다.

하지만 무엇보다 더 큰 이유는 아마도 예수의 가족관(마태 12:50 누구든지 하늘에 계신 내 아버지의 뜻대로 하는 자가 내 형제요 자매요 어머니이니라 하시더라)을 이미 파악한 것이 아닐까? 이유가 어떠하던 더 궁금한 것은 왜 바울이 아라비아로 갔으며 그곳에서 3년 동안 무엇을 하였는지 아무런 설명이 없다는 것이다.

성경을 연구한 사람들의 견해는 크게 두 가지로 나뉘는데 한쪽은 모세(출 2:15)와 엘리야(왕상19:8)처럼 광야에서 복음을 연구하며 숙고하는 시간을 가진 게 아닐까 생각하고 다른 의견은 자신의 과거를 알게 되면 복음을 듣는 사람들이 거부할 것을 예상하고 전혀 외딴곳에서 예수를 증거하기 시작하였다는 논리다.

두 가지 다 가능성이 있지만, 고린도후서 11에 등장하는 아레다 왕이(32절: 다메섹에서 아레다 왕의 고관이 나를 잡으려고 다메섹 성을 지켰으나) 바울을 잡으려는 이유를 생각해 보면 바울의 행적에 대하여 단서가 잡힐 듯하다. 아레다 왕이 바울을 어떻게 알았을까, 왜 바울을 잡아 죽이라고 다메섹 총독에게 명을 내렸을까?

이 질문에 대한 가장 논리적인 대답은, 바울이 다메섹에서 그랬듯이(사도행전 9:20) 아라비아의 이방 왕국에서도 주저하지 않고 어디에서든지 복음을 전파했기 때문일 것이다. 자신의 왕국에서, 그것도 허락 없이 예수에 대해 전파하는 바울의 설교에 격분한 아레다 왕은 결국 그의 체포와 죽음을 명령하게 된 것으로 많은 신학자가 이해하고 있다.

> 서기 33년: 바울이 회심하고 다메섹에서 "며칠간" 머무름
> 서기 33년~서기 36년: 바울이 아라비아에 머무름
> 서기 36년: 바울이 다시 다메섹으로 돌아오고, 이후 박해를 피해 예루살렘으

로 도피하여 그곳에서 15일간 머무름
서기 36년: 바울의 생명이 또다시 위협받자(사도행전9:29), "형제들"(사도행전 9:30)에 의해 안전하게 예루살렘을 떠나 가이사랴 항구로 호송된 후, 고향 다소로 보내짐

결론은 바울에게 나타난 일차적 변화는 혈육 관계를 넘어 "그의 아들을 이 방에 전하기 위하여" 국경과 종교를 초월한 것이다. 인간적으로 생각할 때 이 결단은 배은망덕하고 민족을 배신하는 대역죄인이 될 수 있지만 "예수 그리스도와 그를 죽은 자 가운데서 살리신 하나님 아버지"(갈 1:1)께는 당연한 일인 것이다.

물론 바울이 얼마나 자기 민족과 나라를 사랑하는지는 그의 서신에 잘 나타나 있다(롬 9:3). "나의 형제 곧 골육의 친척을 위하여 자신이 저주를 받아 그리스도에게서 끊어질지라도 원하는 바로라." 하지만 모든 주권은 하나님의 선하신 뜻 안에 있고 사람의 죽고 사는 일이 "오직 긍휼히 여기시는 하나님"께 달린 것을 고백한 바울이 할 수 있는 일은 주께서 맡기신 일을 충실히 감당하며 하나님의 뜻을 깨달은 것뿐이었다.

> 15 모세에게 이르시되 내가 긍휼히 여길 자를 긍휼히 여기고 불쌍히 여길 자를 불쌍히 여기리라 하셨으니
> 16 그런즉 원하는 자로 말미암음도 아니요 달음박질하는 자로 말미암음도 아니요 오직 긍휼히 여기시는 하나님으로 말미암음이니라(롬 9).

바울의 이 모습을 현대 교회에 비추어보면 우리가 무엇을 빠뜨리고 신앙생활을 하고 있는지 몇 가지 보게 되는데 첫째는 환경에 적응되었다는 것이다. 바울이 혈육과 민족보다 우선순위에 둔 것은 물론 이방인들이다. 이

말은 비록 서로 다른 환경에서 자라나 다른 종교를 믿고 있어도 하나님께는 모든 사람이 구원의 대상이고 이들을 위하여 바울은 어떤 변화도 감당할 자세를 가진 것이다. "만일 너희 믿음의 제물과 섬김 위에 내가 나를 전제로 드릴지라도 나는 기뻐하고 너희 무리와 함께 기뻐하리니."(빌 2:17).

물론 모든 교인이 바울처럼 모든 것을 버리고 이방인을 위해 자신을 사용할 수는 없겠지만 내가 본 이 시대의 교회는 우리가 적응된 환경에서 조금도 이딜힐 수 없는 구조를 지니고 있다. 내가 말하는 환경은 한국과 미국 같은 선진국에서 제삼국으로 옮겨가는 큰 변화를 언급하는 것이 아니다. 다만 우리가 자라온 동네에서 비슷한 생활 수준의 사람들이 적당히 편한 장소에서 예배를 드리고 친교하며 종교 생활을 하면서 더 이상의 도전을 받지 못한다는 것이다. 가끔 교회 행사로 단기 선교도 가고 지역 주님들에게 추수감사절 식사를 대접하며 나름대로 선한 이웃이 되고자 하지만 여전히 우리가 적응된 환경에서 더 이상 움직이지는 않는다는 것이다.

얼마 전 선교회에 엄청난 양의 과일을 기부하신 장로님이 있다. 과일과 야채 도매업을 하시는데 포도가 상해 가고 있어서 팰릿으로 10개 정도를 지역 주민과 한인 단체에 나눠드렸다. 어느 단체는 비록 조금 상했음에도 감사하게 받았지만 어떤 곳은 오히려 야단을 맞으며 드린 적이 있다. 나름대로 나는 시간과 게스를 써가며 수고하였지만 돌아오는 반응이 썩 달갑지는 않았다.

그럼에도 불구하고 장로님이 주신 포도를 패터슨 지역 주민에게 나눠줄 때 많은 사람이 기뻐하는 모습을 보며 나는 또 한 번 장로님께 감사하였고 내가 수고한 일에 보람을 느끼게 되었다. 장로님과 선교회의 운명이(?) 포도로 끝날 것인지 아니면 같이 갈 길이 더 있는 것인지 점심을 같이하며 서로의 길을 확인하다가 장로님은 고3 때, 나는 고1 때 비슷한 나이에 이민 온 것을 알게 되었다. 재미있는 사실을 발견하였는데 청소년 시기에 이민 온 사람들은 대부분 자신의 나이가 이민에서 오는 충격을 가장 크게 받을 나이라고 생각한다는 것이다.

서로 비슷한 점이 많아서 잠시 친구처럼 마음을 트고 웃으며 대화하다 보니 이 길을 같이 갈 수 있으면 좋겠다는 생각이 들었다. 장로님을 처음 만난 날 그리고 점심을 먹으며 장로님은 가난한 자들에게 마음껏 밥을 먹이는 교회를 만들고 싶다고 말하셨다. 나 역시 그런 일을 하고 있고 사역을 같이할 한인 동역자를 찾는다고 하였다. 그런데 무거운 바위가 바다에 떨어지는 것처럼 현실의 벽이 이상의 길을 가로막는 것을 체험하였다.

우리가 공감한 것이 있는데, '한인들 중 패터슨까지 와서 예배를 드릴 사람이 과연 있을까?'라는 질문에 우리는 비관적이었다. 패터슨은 뉴저지 북부에서 가장 가난한 동네고 범죄율이 높은 동네다. 가난한 사람, 교육 수준이 낮은 사람, 가정이 파괴되어 자녀들을 방관하는 문제가 많은 동네이다. 이런 곳에 가끔 봉사 차원에서 방문할 수 있지만 이런 곳에서 매주 예배를 드리는 것은 현실적으로 어렵다.

한인뿐만이 아니다. 백인도 마찬가지고 일반적으로 모든 사람이 자신이 처한 환경에서 더 위로 가려고는 하지만 아래로 가려는 사람은 극히 드물다. 그러다 보니 교회도 마찬가지로 더 크게 성장하려고는 하지만 가진 것을 내려놓고 낮은 자리에 가려는 목사가 드문 것이다. 가끔 시골로 내려가 전원에 둘러싸여 마을 사람들을 섬기는 목사를 유튜브에서 본 적은 있지만 가난과 질병으로 신음하는 사회의 가장자리에 목숨을 걸고 뛰어드는 사역자들이 부족한 것이다.

이렇게 현대 문명과 문화에 적응된 교회와 성도가 되다 보니 전제로 자신의 삶을 바치는 바울의 모습이 더 이상 보이지 않고 오히려 우리가 하지 말아야 할 일을 하게 되는데 교회가 정치에 뛰어들고 정치가들과 협력하여 세상 권세를 위해서 일하는 교회가 한국은 물론 미국에도 넘쳐나는 것이다.

예수님께서 "내 나라는 이 세상에 속한 것이 아니니라"(요한 18:36) 하셨고 예수의 형제 야고보는 "누구든지 세상과 벗이 되고자 하는 자는 스스로 하나님과 원수 되는 것"(4:4)이라고 하셨는데 왜 교회가, 성도들이 길잃은 양을 찾으시는 예수를 보지 못하고 내가 믿는 대통령, 내가 사는 나라를 지킨다고 모두 요동을 치는지 나라는 물로 교회까지 온통 요란하다. 결국 나와 동의하지 않으면 서로 말도 안 하는 교회와 성도가 되는 것이다. 저 열심으로 우리보다 가난한 자와 병든 자를 보살폈다면 하늘의 상이 크고 하나님이 기뻐하실 텐데….

많은 기독교 인구가 어떤 사명을 받고 길거리에 나왔는지 윤석열 대통령 탄핵 반대를 외치는 군중들 손에 한국, 미국 국기와 함께 몇몇 분들이 이스라엘 국기를 들고 있는 것을 보게 되었다. 무슨 연유로 저 군중들 속에 이스라엘 국기가 있는 것일까 궁금해졌다. 그리고 생각해 보니 내가 아는 미주 한인들 중 이스라엘을 위하여 중보기도 하시는 분들이 있는데 그 이유를 간단히 살펴보고자 한다.

기독교가 지지하는 이스라엘 운동의 기원은 19세기 후반 유럽에서 시작된 시오니즘에서 시작되었다고 한다. 잃어버린 나라를 되찾고 싶은 이스라엘의 꿈은 나그네로 살아온 유대인들에게 그들이 끝까지 신앙을 지킬 수 있는 원동력이 되었을 것이다. 그런 소망을 자손 대대로 물려오던 유대인들에게 이스라엘 회복 운동을 구체적으로 표현한 책자 "유대인 국가"(Der Judenstaat 1896)를 출판한 사람은 이스라엘의 국부로 알려진 테오도르 헤르츨 이다. 이 책자를 정리하면 다음과 같다.

1. **유대인 문제의 현실 인식**

    유럽, 특히 동유럽과 중앙유럽에서 유대인들은 반유대주의, 차별, 폭력(예: 포그롬– 집단 박해) 속에 살고 있었으며, 각국의 통합 정책이나 동화주의는 실패했다고 봅니다. 그는 유대인 문제는 **사회적, 정치적 문제**이며 단순히 종교적 박해가 아니라고 강조합니다.

2. **해결책: 유대 국가 설립**

    유대인의 안전과 번영을 위해서는 그들이 **자신만의 국가**를 가져야 한다고 주장합니다. 이는 유대인을 난민이나 소수자로부터 해방시키고, 국제사회 속 하나의 독립 민족으로서 존중받게 하기 위함입니다.

3. **실현 방식**

    그는 이를 실현하기 위해 먼저 **국제적인 정치적 지지**를 얻어야 하며, **유대인 자치기관**인 "유대인 회사(Jewish Company)"와 "유대인 협회(Society of Jews)"를 만들어 자금 조달과 이주를 조직하자고 제안합니다.

4. **국가의 위치**

    유대 국가의 위치는 역사적/종교적 연고가 있는 **팔레스타인**이 우선이며,

| 여의치 않을 경우, **아르헨티나**도 대안으로 제시됩니다.[9]

나는 이분이 쓴 책자를 읽으며 몇 가지 질문을 하게 되었는데 첫째, 시오니즘이 유대교의 연장이 목적인지 아니면 핍박과 폭력을 피하기 위해 유대민족이 거할 땅을 찾는 것인지 구분하는 일이었다. 다음은 테오도르 헤르츨이 출판한 책에서 인용한 문구다.

팔레스타인인가, 아르헨티나인가?

우리는 팔레스타인을 선택할 것인가, 아니면 아르헨티나를 선택할 것인가?

우리는 우리에게 주어지는 것을 받아들일 것이며, 유대인의 여론이 선택하는 것을 따를 것이다. 이 두 가지 문제는 '협회(The Society)'가 결정하게 될 것이다.

아르헨티나는 세계에서 가장 비옥한 국가 중 하나이며, 광대한 면적과 희박한 인구, 온화한 기후를 지니고 있다. 아르헨티나 공화국은 우리에게 그 영토 일부를 양도함으로써 상당한 이익을 얻을 수 있을 것이다. 현재의 유대인 이주는 일부 불만을 낳고 있지만, 우리는 우리의 새로운 운동이 기존의 그것과 본질적으로 다르다는 점을 공화국에 납득시킬 필요가 있다.

---

9 Chat GPT

팔레스타인은 우리의 영원히 기억되는 역사적 고향이다. 팔레스타인이라는 이름 자체가 우리 민족에게 놀라운 힘으로 끌림을 줄 것이다. 만약 술탄 폐하께서 우리에게 팔레스타인을 주신다면, 우리는 그 대가로 **터키 전체의 재정을 정비하는 일**을 맡을 수 있다. 우리는 그곳에서 **유럽을 아시아로부터 방어하는 방벽**, 즉 문명의 전초기지를 형성하게 될 것이다. 우리는 **중립국으로서 유럽 전체와 접촉을 유지하게 되며, 유럽은 우리의 존재를 보장하게 될 것이다.**

기독교의 성지는 국제법에 잘 알려진 방식에 따라 치외법권적 지위(extra-territorial status)로 지정하여 보호받게 될 것이다. 우리는 이 성지들을 명예의 수호대로써 보호할 것이며, 그 의무의 수행을 우리의 존재로서 보증할 것이다.

이 명예의 수호대는 **1800년간의 유대인 고난 이후 유대 문제 해결의 위대한 상징**이 될 것이다.[10]

먼저 이글을 통하여 저자는 팔레스타인을 선호하였지만, 이 계획이 성립되지 않을 때를 대비해 이차 선택지를 지정한 것을 알 수 있다. 내가 너무 과도한 짐작을 하는지는 더 연구해야 할 필요가 있지만, 이차 선택지를 지정한 것으로 보아 시오니즘의 일차 목표는 "유대인을 난민이나 소수자로부터 해방시키고, 국제사회 속 하나의 독립 민족으로서 존중받게 하기 위함"인 것으로 보인다.

---

10 https://www.jewishvirtuallibrary.org/quot-the-jewish-state-quot-theodor-herzl

다시 말해서 이스라엘 국가의 설립은 건물주의 폭력과 착취에 지친 세입자가 개인 주택을 구입하여 비로소 집주인이 된 것과 같은 개념이라는 것이다. 물론 이천 년 가까이 유대인이 지켜온 신앙을 "자기 집에서" 자유롭게 후손들에게 전수할 수 있는 축복도 함께 얻게 된 것이다.

그런데 이 같은 자연적인 현상을 지켜보는 많은 교회가 유대인이 팔레스타인으로 돌아온 것에 대해 과도한 의미를 두고 있다. 첫째는 예언의 성취라고 믿고 있는 것이고 둘째, 이스라엘을 지지하는 것이 그리스도의 재림과 관련된 예언을 성취하는 데 중요하다고 생각하는 것이며 셋째, 이스라엘이 교회를 위하여 버림받았으니 교회는 이스라엘의 구원을 위해 중보기도 할 책임이 있다고 믿고 있는 것이다.

물론 이 중에 상당 부분이 예언서와 일치하고 있고 교회의 큰 그림 안에 이스라엘을 위하여 기도해야 하는 것은 당연한 일이다. 하지만 교회가 간과하고 있는 것이 있다. 먼저 벤자민 나틴야후 이스라엘 총리는 한 정치인일 뿐 하나님의 뜻을 갈망하는 사람이 아니다. 오히려 수많은 민간 사상자를 초래하여 2024년 11월 21일 국제 형사 재판소(ICC)로부터 반인도적 범죄 혐의로 체포영장을 받은 바 있다.

2000년 이후 이스라엘과 팔레스타인 간의 갈등으로 인한 사상자 수는 다음과 같다.

총 사망자 수(2000년~2023년 10월 6일 기준)
- **팔레스타인인 사망자**: 약 9,558명
- **이스라엘인 사망자**: 약 1,248명

israelpalestinetimeline.org+1chris-jeffries.com+1

2023년 10월 7일 이후 가자지구 전쟁 (2024년 12월 기준)

- **팔레스타인인 사망자**: 약 45,000명 이상, 이 중 17,000명은 어린이
- **실종자**: 약 11,000명, 대부분이 건물 잔해 아래에 매몰된 것으로 추정

Al Jazeera

누적 사망자 수 (2000년~2024년 12월 기준)

- **팔레스타인인**: 약 54,558명 이상
- **이스라엘인**: 약 2,648명 이상

Wikipedia+1israelpalestinetimeline.org+1

부상자 수

- **팔레스타인인 부상자**: 약 99,968명
- **이스라엘인 부상자**: 약 11,949명

Jewish Virtual Library+7israelpalestinetimeline.org+7Primidi+7

인도적 영향

- **가자지구 내 실향민**: 약 190만 명
- **이스라엘 내 대피자**: 약 13만 5천 명

Wikipedia+1lemonde.fr+1

이러한 수치는 갈등의 심각성과 인도적 위기를 보여줍니다. 특히 2023년 10월 이후의 전쟁은 팔레스타인 민간인에게 큰 피해를 주었으며, 어린이 사망자 비율도 높습니다.[11]

---

11 Chat GPT

나틴야휴 총리와 함께 체포영장을 발급받은 전 이스라엘 국방부 장관 Yoav Gallant는 ICC 체포 이유를 다음과 같이 나열했다.

"2023년 10월 8일부터 최소 2024년 5월 20일까지, 전쟁 수단으로서의 아사(餓死) 사용 및 민간인에 대한 의도적인 공격을 포함한 전쟁 범죄, 살해, 박해, 기타 비인도적 행위에 해당하는 인도에 반한 범죄를 저질렀다고 주장된다."[12]

물론 이스라엘을 향한 주변국의 테러 행위를 정당화하는 것은 절대 허용할 수 없다. 하지만 이스라엘의 대항은 마치 총칼로 덤벼드는 동네 조폭들에게 완전 무장한 정규군 사단을 동원하여 박살 내버리는 수준이라고 해도 무방할 것이다. 이렇게 무참하게 사살하다 보니 그 속에 아이와 아낙네도 있고 조폭들의 가족까지 사망하게 된 것이다. 이스라엘은 하나님이 택하신 백성이다. 하지만 이사야서에서 그리고 로마서에서 이들이 숫자가 바다의 모래 같을지라도 약속의 대상은 '씨'에 비교되어 있다.

> 이스라엘이여 네 백성이 바다의 모래 같을지라도 남은 자만 돌아오리니 넘치는 공의로 파멸이 작정되었음이라(이사야 10:22)

> 또한 이사야가 미리 말한 바 만일 만군의 주께서 우리에게 씨를 남겨 두지 아니하셨더라면 우리가 소돔과 같이 되고 고모라와 같았으리로다 함과 같으니라(롬 9:29)

그렇다면 이스라엘의 많은 사람 중에 '씨'에 해당하는 사람들은 누구일

---

12 https://www.icc-cpi.int/defendant/gallant

까? 유대인을 생각하면 당연히 떠오르는 사람이 있다. 유대인뿐만 아니라 연합군 포로와 민간인을 포함하여 약 2천만 명을 살해한 2차 대전의 주범 아돌프 히틀러다. 히틀러가 유대인을 극히 혐오한 이유는 여러 가지 있지만 1924년 발행한 그의 책 《Mein Kampf》(나의 투쟁)에서 히틀러가 생각하는 유대인은 한마디로 '기생충'이었다. 그렇게 생각하게 된 배경에는 세 가지 유대인의 특징을 꼽았는데 다음과 같다.

정직하고 명예로운 투쟁에 참여하기보다는, 사회를 내부로부터 약화시키는 것.

고귀한 육체적 또는 군사적 힘이라고 여긴 것 대신, **지능, 조작, 혹은 금융**을 사용하는 것.

어느 한 국가에 대한 충성을 회피하고, "국가 없는 자" 또는 "코스모폴리탄(세계시민)"으로 간주 되어, 어떤 국가의 생존을 위한 투쟁에 기여하지 않는 것.

물론 '국가 없는 자'는 지켜야 할 나라가 없고 당연히 생존본능에 따라 자기가 소유하고 있는 지능과 금융을 지키는 것에 몰두하였을 것이다. 이에 대하여 히틀러는 "많이 살고자 하는 자는 많이 싸워야 한다. 삶의 영원한 법칙이 투쟁인 이 세상에서 싸우기를 원하지 않는 자는 존재할 권리조차 없다."[13] 고 주장하며 유대인이 사라져야 할 이유를 정당화했다.

그런데 유대인이 싸우기를 원하지 않는 이유는 꼭 나라가 없어서 뿐만이

---

13 Adolf Hitler, Mein Kampf, 4th printing (London: Hurst & Blackett, 1939) p. 242

아니다. 이스라엘의 근대화와 시온주의를 반대한 하레디 유대교(엄격하게 계율을 지키는 정통 유대교의 한 형태)가 다음과 같은 입장을 유지해왔기 때문이다.

하레디 유대교가 나치에 적극적으로 대항하지 않은 이유는 여러 복합적인 요소들이 작용한 결과이다. 주요한 배경은 다음과 같다.

1. **세속 정치와의 거리두기**
  하레디 유대교는 기본적으로 세속 정치에 개입하지 않는 것을 원칙으로 삼았습니다. 시온주의도 세속적인 민족주의 운동으로 보았기 때문에, 정치적 저항 운동이나 유대 민병대에 가담하는 것에 소극적이었습니다.

2. **현세보다는 내세 중심의 세계관**
  하레디 유대교는 고난과 박해를 메시아가 오기 전까지는 감내해야 할 시련으로 해석하는 경향이 있었습니다. 고통의 의미를 종교적으로 받아들이고, 무력 저항보다는 기도와 회개를 통해 구원을 기다리는 태도를 가졌습니다.

3. **정보의 제한과 사태 인식 부족**
  나치의 유대인 탄압이 초기에는 체계적인 대량 학살로 인식되지 않았고, 많은 하레디 공동체는 격리된 생활을 했기 때문에 사태의 심각성을 빨리 파악하기 어려웠습니다. 또한 유럽에서 일어난 박해는 역사적으로 반복되었기에, 일부는 이번에도 일시적일 것으로 오판했습니다.

4. **해외 이주에 대한 소극성**
  시온주의자들과는 달리, 하레디 유대교는 팔레스타인으로의 이주(알리야)에 소극적이거나 반대 입장을 취했습니다. 따라서 나치가 등장했을 때도 적극적인 탈출 움직임을 조직하거나 주도하지 않았습니다.

5. **전통적 복종 문화**
   일부 공동체는 국가 권력에 대한 복종을 미덕으로 여기며 저항을 피하려 했고, 독일 내 유대 공동체 일부는 나치와 협상하려는 태도를 보이기도 했습니다.

   요약하자면, 하레디 유대교는 세속 저항보다는 종교적 해석과 순응을 택했고, 정보의 부족과 전통적 태도, 시온주의에 대한 반감 등이 결합되어 나치에 조직적으로 저항하지 못한 것입니다.[14]

얼마 전 이스라엘 길거리에 검은색으로 치장한 초정통주의 예시바 학생들이 징집안에 반대하며 거리를 점령한 사건이 있었다. 이스라엘 국가가 위협을 받고 있는 상황에 많은 이스라엘 청년들이 목숨을 걸고 복무하고 있는데 하레디 초정통주의 학생들이 종교 교육을 받는 이유로 징병 면제를 받고 있기 때문이었다.[15]

구글 검색 결과 하레디 (Ultra-Orthodox) 인구는 2024년 1,392,000명으로 집계되었고 총 이스라엘 인구의 13.9%이며 매년 4%씩 증가하고 있다고 한다. 이사야 선지자가 말한 '씨'가 누구인지는 메시야가 오실 때 증명되겠지만 내 생각에는 현 이스라엘 '국가'는 아니라는 것이다. 혹시 초정통주의 하레디 지파 중에 일부가 될 수는 있을지언정.

이런 관점에서 다시 이스라엘을 자세히 살펴보면 성경에서 시작된 이스

---

14 Chat GPT
15 https://allisrael.com/kr/a-history-of-the-idf-draft-law-for-eligible-ultra-orthodox-religious-jews

라엘은 특별한 민족이지만 1948 건국한 이스라엘은 특별한 나라가 아니다. 그리고 이 시선은 나만의 의견이 아니다. 하레디가 반대한 나라이고 세계 여러 민족이 바라보는 보편적인 판단이다. 하지만 많은 보수 기독교인들은 이스라엘 국가를 하나님의 약속의 대상과 분리하지 못하고 현 정부를 선지자들의 예언 성취로 받아들이고 있는 것이다. 이스라엘을 위하여 기도하는 것은 당연한 일이다.

하지만 무엇이 옳고 그른지를 이해하고 공의를 실천하는 이스라엘이 되도록 기도해야 할 것이다. 무엇보다도 교회가 할 일은 이스라엘의 회개를 기도하는 것도 중요하지만 이스라엘 정부가 더 이상의 살생을 자행하지 않도록 촉구하는 일이다. 물론 이 일은 이스라엘 혼자 할 수 있는 아니다. 팔레스타인 지도자와 하마스가 모두 협력하여야 가능한 일이다.

한국 교회가 무슨 생각을 하면서 이스라엘 국기를 들고 거리에서 행진하는지 모르지만 이런 행위는 국제사회에 아무런 도움이 되지 않는다. 교회는 세상의 빛이다. 이스라엘을 위한 기도는 하시되, 이스라엘과 싸우고 있는 팔레스타인과 하마스도 하나님의 용서를 받아 함께 그리스도 예수 앞에 엎드러지도록 기도해야 할 것이다.

교회가 할 일은 한국을 위해서, 미국과 이스라엘을 위해서 기도하는 것도 중요하지만 그것보다 더 중요한 것은 비율과 같이 혈육의 관계를 넘어야 한다는 것이다. 한 나라의 대통령을 위해서, 나라가 지향하는 방향을 위해서 교회와 성도가 세상과 하나가 될 때 결국 교회가 세상이고 세상이 교회가 되어 "아무 쓸데 없어 다만 밖에 버려져 사람에게 밟힐 뿐이니"(마 5:13) 예수께서 말씀하신 그대로 되는 것이다. 내가 보는 한국과 미국 교회가 바로 이렇게 사람에게 밟히는 상태로 이미 들어선 것이다. 물론 혈육의 관계를 넘는 것은 내가 사랑하는 가족과 조국을 배신하는 일일 수도 있고 그만큼 고통이 따르는 일이다.

존 번연이 1678년에 쓴 천로역정은 성경 다음으로 유명한 기독교 서적이다. 이야기의 시작은 주인공 'Christian' (성도)가 가족을 버리고 천국을 향하여 떠나는 장면으로 시작된다. 아내와 자식들은 물론 고향에 있는 친구들을 모두 데리고 떠나려 했지만, 오히려 정신 나간 사람으로 몰리게 되어 결국 혼자 떠나게 된 것이다. 교회도 사람이 모인 곳이다 보니 혈연 지연 학연은 물론 정치사상 등 많은 줄이 연결되어 있다.

그리스도를 따르는 자들은 이런 줄을 모두 끊어내고 그리스도의 희생을 본받아 하나님의 사랑으로 모든 사람을 바라봐야 하는 것이다. 여기에는 한국 사람도 없고 미국 이스라엘 사람도 없다. 다 하나님의 사랑의 대상이고 그리스도 예수의 구원 대상이다. 내가 보는 한국과 미국 교회는 오히려 하데시 유대교보다 더 예수께 책망을 받지 않을까 염려된다. 유대인 학살을 견뎌내며 하나님의 법을 순종하려고 노력한 하데시 종파와 비교할 때 이 시대의 교회는 세상과 너무 가까워서 더 이상 구분이 어려운 지경이 되었기 때문이다.

나는 이 시대에 교회가 기도하고 전도해야 할 대상은 제삼국이나 이스라엘이 아니라 한국과 미국 교회라고 생각된다. 그만큼 교회가 무엇을 위해 존재하는지 방향을 잃고 있기 때문이다. 우리 집안에는 목사가 한 다즌이 넘는다고 이미 첫 번째 책에서 공개한 바 있다. 교회를 놀이터로 삼았고, 교회 행사에 나의 사춘기 추억이 있고, 교회가 나의 삶이다 보니 그 안에서 많은 것을 목격하였고 또 안 보아도 좋은 것도 많이 보았다. 이렇게 교회를 가까이서 보다 보니 그때마다 교회가 진화하는 모습을 보게 되었다.

국민학교 때는 여름 성경학교, 고등학교 때 겪었던 부흥회와 방언 운동, 대학교 때 유행하던 선교사 보내기, 삼십 대는 단기 선교, 사십 대에 휩쓸고 간 신사도 운동, 오십 대에는 이스라엘 회복 운동 등 교회는 계속해서 진화하며 교회 성장과 함께 프로그램도 변화하였다. 그런데 이렇게 부흥하고 정치 세계를 움직일 수 있는 힘이 생겼는데 왜 성도의 신령은 뜨뜻미지근한 것일까? 이미 지적한 것처럼 우리는 이 편한 환경에 적응되었기 때문이다. 존 번연의 '성도'처럼 가족을 버릴 수도 없고 이 사회가 주는 편안함을 거부할 수 없는 사회의 일부가 된 것이다. 사회가 움직이는 대로 교회와 성도가 함께 움직이다 보니 '세상의 권세'를 거부할 필요도 의지도 느끼지 못하게 된 것이다.

용도 변경 2

바울의 유별난 역행은 "피는 물보다 진하다."라는 격언을 무색하게 하였다. 천지를 창조하신 신의 섭리가 혈육이나 국경, 영토에 국한 시킬 수 없기 때문이다. 그렇기에 이전에도 설명한 것처럼 나는 'God Bless South Korea, God bless America'라는 문장을 선호하지 않는다. 하나님은 인류의 하나님 이시기 때문이다.

두 번째로 바울이 역행한 것은 인간 사회가 이루어놓은 문학과 문명 세계이다. 이미 소개한 것처럼 바울의 교육 과정에는 당연히 율법을 비롯하여 그리스 철학을 겸비하였을 것이다. 그럼에도 불구하고 고리 도전서 2:2 에서 바울의 결단은 너무 간단명료하다. "내가 너희 중에서 예수 그리스도와 그가 십자가에 못 박히신 것 외에는 아무것도 알지 아니하기로 작정하였음이라." 그 무엇도 그리스도 예수 안에 감추어진 거대한 진리와 비교할 수 없기 때문이기도 하지만 오로지 하나님의 능력으로 진리를 전파하기 위해서이다. 바울이 아덴에서 전도할 때 "에피쿠로스와 스토아 철학자들"(행 17:18)이 바울과 쟁론하였다고 기록했지만, 바울의 대화에는 다른 철학을 논한 기록은 전무하고 오직 하나님과 부활하신 예수를 증거한 것뿐이다.

바울이 거론한 위의 철학에 대하여 간단히 짚고 넘어가자면 유대교와 함께 당시에 존재한 학계의 줄기는 세 가지로 구분된다. 당시 그리스-로마 철학적 세계관 중 가장 대중적인 것이 플라톤주의, 스토아주의 그리고 에피쿠로스주의였고 이 중에 가장 영향력이 컸던 사상이 스토아주의다. 스토아 철학은 우주 전체에 깃든 이성(logos)이라는 개념을 통해 신적 존재에 대한 경외심을 인정했기 때문에 당시 종교적인 문화와도 어느 정도 호환되었다.

요한복음 1장에 나오는 "로고스"(말씀이 육신이 되어) 개념도 이런 점에서 스토아적 배경과 연결되는 측면이 있다. 스토아주의가 실용적이었다면 철학자 계층에 영향력이 강했던 플라톤주의는 데미우르고스(Demiurge)라는 신적인 장인(craftsman)의 존재를 믿었는데 그는 영원한 물질(즉, 항상 존재해 온 혼돈의 물질)을 형태와 질서 있는 세계로 구성한 존재다. 즉 무(無)에서 창조한 것이 아니라 이미 존재하던 물질을 사용해 세계를 만든 것이라고 보았다. 따라서 신격화된 창조주는 아니며 영원한 신보다 한 단계 아래에 있다고 생각한 것이다.

마지막으로 에피쿠로스주의는 신을 부정하지는 않지만 인간 세계에 관심이 없고, 간섭하지도 않는다고 믿었다. 사람의 존재는 죽음으로 끝나고 사후 세계는 없으므로 두려워할 필요가 없으며 살아갈 동안 절제된 삶을 통해 마음의 평안을 얻는 것이 참된 쾌락이라고 믿었다.

고대 그리스는 헬레니즘의 원산지이고 그곳은 우리가 지금 적응해 살고 있는 '민주주의'의 근원지이다. 특히 아덴은 처음 시민이 참여하여 의사 결정을 집행한 곳으로 알려져 있다. 그래서일까, 아덴 사람들은 새로운 사상과 문화에 민감하여 그것이 무엇이든 궁금해했고 바울은 이들의 초청에 응한 것이다. 그런데 여기에서 바울의 전도 방법이 그의 스승 가말리엘의 온건적 태도와 다른 점을 볼 수 있다. 사도행전 5장에 따르면 제자들을 처벌하기 위해 공회에 모인 제사장과 지도자들 앞에서 가말리엘은 제자들에게 사형을 처하려는 공회에 반대하며 중립적인 태도를 보였다.

> 38 이제 내가 너희에게 말하노니 이 사람들을 상관하지 말고 버려 두라 이 사상과 이 소행이 사람으로부터 났으면 무너질 것이요
>
> 39 만일 하나님께로부터 났으면 너희가 그들을 무너뜨릴 수 없겠고 도리어 하나님을 대적하는 자가 될까 하노라 하니

당시 이스라엘은 로마 통치하에 있었고 가말리엘은 산헤드린의 지도자 중 한 사람으로 율법 문제뿐 아니라 정치, 사회 질서, 대외 협상까지 다뤄야 했다. 그래서일까 가말리엘은 탈무드에서 유대 역사상 처음으로 '랍비(Rabbi)'보다 더 높은 칭호인 '라반(Rabban)'을 받은 인물이다. '라반'은 '우리의 스승'이라는 뜻으로, 당시 최고의 율법 교사에게만 주어졌다고 한다. [16]이분의 위치는 유대인의 종교는 물론 사회를 인도하는 자리였고 그러다 보니 어느 정도 포용성과 보수성의 균형을 유지하여 "모든 백성의 존경을 받는 자"(행 5:34)가 된 것이다.

그런데, 이렇게 균형을 지키던 선생에게 교육받은 사울이 어쩌자고 스데반을 처형하는 자리에서 증인 역할을 하며 살생을 감행한 것일까? 물론 스승과 제자의 나이와 연륜의 차이가 어느 정도 작용하였다고 하더라도 두 사람의 결정은 커다란 차이가 있다. 결국 나는 바울의 성격에서 그 이유를 찾고자 하였고 그래서 책의 소제목을 고지식한 바울로 정한 것이다.

사회생활을 하며 피해야 할 사람이 여러 종류가 있겠지만 그중에 하나가 고지식한 사람이다. 말이 통하지 않기 때문이다. 그런데 왜 예수께서는 이런 사람을 택하신 것일까? 고지식한 사람에게 장점이 많이 있는데 이 중에는 책

---

16 Shaye J. D. Cohen, From the Maccabees to the Mishnah. Westminster John Knox Press, 1987, p. 157.

임감, 일관성, 정확성, 도덕성, 근성, 학문적/연구적 성과 그리고 원칙과 신뢰다. 한마디로 고지식한 사람은 원칙, 신뢰, 정확성을 바탕으로 사회와 조직에서 핵심 기반을 이루는 사람이다. 진리를 전하는 자에게 가장 중요한 것이 무엇일까? 동요하지 않는 것이다. 사람의 요구에 끌려다니지 않는 것이다. 바울에게 보이는 모든 언어와 행동이 바로 이런 모습이다.

바울의 이러한 성격을 가장 잘 보여준 사건으로 베드로를 향한 바울의 책망을 들 수 있다. 안디옥 교회에서 이방인과 함께 식사하던 베드로가 야고보에게서 온 할례자들을 두려워하여 식사 자리에서 물러났고 베드로의 행동으로 인해 함께 식사하던 나머지 유대인과 바나바까지 얼떨결에 그 자리에서 물러나게 되었다. 이 행동은 그 당시 유대인들이 모세의 율법에서 아직도 자유롭지 못한 모습을 보여주고 있으며 심지어는 교회의 기둥인 베드로조차 이 차이를 정리하지 못하고 있던 것이다.

그런데 여기에서 한 가지 더 짚고 넘어가야 할 것은 이 사건이 일어나기 약 10년 전에 하나님은 베드로에게 환상을 통하여 "하나님이 깨끗하게 하신 것을 네가 속되다 하지 말라."(행 10:15) 말씀하시고 고넬료(이방인)의 집을 구원하도록 지시하신 사건을 경험하였다. 율법에 관하여 교육받지 않은 고넬료였지만 베드로의 '30분' 강의에 구원을 받고 성령 부으심을 베드로와 함께한 할례받은 신자들이 목격하고 놀랐던 것이다.

이런 사건이 10여 년 전에 있었는데 왜 율법과 구원의 관계를 아직도 정의하지 못하였는지 궁금해하다가 바로 답이 머리에 떠올랐다. 베드로는 어부였고 바울은 학자이기 때문이다. 물론 다른 답도 있을 수 있겠지만 나는 이렇게 다양한 사람을 사용하시는데 하나님의 은혜에 대하여 감사드린다. 왜냐하면 바울과 베드로 사이에서 나는 베드로에 더 가깝지만 그래도 이렇게 몇 자 적을 수 있으니 그저 황송할 따름이다.

베드로의 행동에 대한 바울의 책망은 너무 적나라하여 내가 옆에 있었다면 바울 선생에게 '무례하오' 목소리를 높였을 것이다. 아무리 순간적으로 잘못 결정했다고 해도 베드로는 예수의 제자 중 하나이고 또 교회의 기둥인데 사람이 모여있는 공식 석상에서 무슨 대단한 잘못을 하였다고 이렇게 난리를 부린단 말인가.

여기까지는 나의 생각이고, 바울에게는 베드로의 행동이 사람을 죽고 살리는 행동이었다. 바로 예수께서 말씀하신 적은 자 하나를 실족하게 하는 행동이었고 순간의 실수가 베드로를 연자 맷돌의 주인으로 몰고 갈 수 있던 것이다. 바울의 책망은 베드로의 목숨도 살리고 장차 하나님 나라에 들어올 많은 사람의 생명을 살리는 행동이었다.

나는 이런 면에서 이 시대의 교회가 더욱 하나님의 말씀을 정확히 분석하여 사람의 귀에 익숙한 소리가 아니라 타성에 젖은 성도의 삶을 깨워야 하는 책임이 있다고 본다. 그런데 그 소리가 점점 멀어지는 게 느껴지기 때문에 내가 할 수 있는 일이라는 게 이렇게 몇 자 적어보는 것이다. 그리고 기도하기는 이 시대에 바울같이 직설적인 말씀으로 잠자는 영혼을 깨울 수 있는 주님의 일군들이 나타나기를 바란다.

바울은 베드로처럼 예수와 동행한 역사적 체험은 없었지만, 예수를 체험한 후 율법의 미숙함을 알게 되었고 구원의 교과서를 구체적으로 논리정연하게 완성한 것이다. 비록 사람을 죽이는 미숙한 인격에 고집스러운 성격을 소유한 사람이었지만 율법의 부족함을 예수 그리스도를 통한 하나님의 은혜로 채워지는 완성작을 바울이 먼저 체험한 것이다. 그래서 바울은 예수께 찜을 당하였고 다른 학문과 문화가 곁들여지지 않은 가장 순순한 복음을 전파한 인류의 전도사가 된 것이다.

내가 한국 교회는 물론 미국의 복음주의 신앙에 실망한 이유는 여러 가지이다. 30대부터 미국 보수라고 하는 공화당에 가입하였고 때로는 강단에서 공화당을 지지하는 설교도 한 적이 있다. 그런데 언제부터인가 교회는 껍데기였고 공화당은 종교를 납치한 돈을 섬기는 정당이라는 것을 보게 된 것이다. 어쩌다가 복음주의 신앙이 정권과 유착되어 한국이나 미국의 교회가 세상의 놀림거리가 된 것일까?

물론 많은 이유가 있지만 가장 근본적인 이유로 나는 두 나라의 교회가 유럽의 기독교 문화를 전승한 것이기 때문이라고 생각한다. 바울 시대 이후로 교회는 크게 세 가지 흐름으로 나눠지는데 첫째는 동방 확장(시리아, 메소포타미아, 페르시아, 인도)이고 둘째는 서방 확장(로마, 갈리아, 이베리아반도, 북아프리카) 그리고 세 번째가 북동쪽 주변 지역 확장(게르만, 켈트, 슬라브 지역)이다. 이 중에 교회가 가장 확실하게 자리 잡고 성장한 지역이 북동쪽 지역으로 지금의 북유럽과 동유럽 지역이다.

유럽 교회가 성장하게 된 데에는 여러 가지 이유가 있지만, 그중에 가장 큰 이유가 바로 콘스탄틴 대제의 기독교 공인(AD 313, 밀라노 칙령) 이후 왕족 개종을 통해 교회가 세력을 확장하게 된 것이다. 이후 교회가 로마 행정구조를 승계하고 스스로 정치 세력이 되었고 자연히 대규모 토지를 보유하며 경제권까지 장악하게 된 것이다.

일명 하늘 아래 가장 큰 권력이 교회의 손에 들어온 것이다. 물론 이 같은 교회의 세력이 루터의 종교개혁으로 약화 되는 듯했지만, 그것은 단지 착각일뿐 그 후 여전히 로마가톨릭은 물론 개신교 역시 권력과 경제권을 거부하지 못하고 기회만 되면 정치권과 논의하며 서로의 이익을 도모하고 있다. 바로 미국의 공화당과 한국의 기독교 극우파들이 교회와 협력하여 대통령을 세워 기득권을 잡기 위해 요란을 피우고 있는 것처럼.

Chat GPT에 한국 교회의 문제점을 물어보았을 때 다음과 같은 대답을 얻게 되었다.

> **한국 교회의 주요 단점**
> **1. 교회 성장至상주의**
> 　교회의 "규모"를 지나치게 강조 (큰 교회 = 성공이라는 인식)
> **2. 리더십 문제**
> 　목회자 세습, 독재적 리더십, 권력형 비리 등
> **3. 교리·신학 약화**
> 　깊은 신학 교육 부족, 감정적 신앙에 치우치는 경향
> **4. 분열과 경쟁**
> 　교회 간 협력보다는 경쟁과 분열 심화 (같은 거리 안에 수십 개 교회)
> **5. 사회적 신뢰 하락**
> 　세금, 부동산, 정치 개입 문제로 인한 부정적 이미지 확산
> **6. 정치적 편향성**
> 　특정 정치 세력과 결합해 복음을 왜곡하는 현상
> **7. 기복신앙 경향**
> 　"믿으면 복 받는다"식 성공주의 신앙 확산
> **8. 세속화**
> 　신앙보다 돈, 권력, 명예를 추구하는 모습 증가

9. 공동체성 약화
　개인주의적 신앙 강화, 공동체 돌봄과 책임감 약화
10. 다음 세대 이탈
　청년·청소년층 급속한 이탈과 신앙 전수 실패

　물론 위의 모든 문제를 유럽의 교회사와 꼭 연결되어 있다고 할 수는 없지만, 굳이 나의 주장을 설명하라고 한다면 한가지 예로 교회 음악을 들 수 있다. 크리스마스만 되면 한국이나 미국 교회에 변함없이 울려 퍼지는 노래가 있다. 헨델의 〈메시아〉다(1742). 독일 동부에서 태어나 영국 시민권을 얻어 왕실 예배당의 작곡가직을 맡고 있던 헨델은 영국 음악계뿐만 아니라 이탈리아 오페라를 영국에 소개한 유명한 인물이다. 물론 나도 성가대에서 메시야를 부르며 가슴이 벅찬 느낌을 받은 바 있지만, 지금은 크리스마스가 되면 괜히 마음이 썰렁해진다. 그 이유는 겉과 속이 다른 이중적인 교회의 역사와 화려하면서 속이 비어있는 교회 음악 때문이다.

　헨델이 왕실 예배당에서 음악을 작곡할 때 급료로 얼마를 받았는지 모르지만 영국의 경제 실상은 여전히 귀족과 교회(음악)가 중심이었고 이들이 함께 누린 권세와 영광이 로마 교회와 별다름이 없었다. 이렇게 교회가 나라 세금으로 운영되는 사이 서민 생활은 빈곤을 면치 못하였는데 이 중에 가장 취약한 대상이 어린이들이었다.

　믿기 어렵겠지만 1833년 공장법(Factory Act) 1842 탄광법이 발취되기 전까지 6~8 아이들이 공장과 탄광 등에서 장시간 노동에 종사하였다고 한다. 부모들도 생계를 위해 어쩔 수 없이 아이들을 일터로 내보낼 수밖에 없었는데 방직 공장이나 직물 생산과정에서 어린 손이 기계의 틈새를 다룰 수 있고 또 좁고 낮은 갱도에서 석탄을 나르는 일을 할 수 있었기 때문에 아이들을 동원하였다고 한다.

영국의 공교육은 1833년에 발취되어 1870년에 제정되었다. 이후 교육을 위해 배정된 자금은 점진적으로 증가했지만, 1839년에 교육을 위해 책정된 금액이 "여왕 빅토리아의 말들을 유지하는 데 드는 비용의 절반에 불과했다"고 한다.[17] 영국은 한편으로 산업화가 다른 유럽 나라보다 훨씬 더 앞서 있었고 귀족과 상인의 세력 균형도 이루어졌지만, 가난한 사람들의 처지는 여전히 많은 이들의 관심 대상이 아니었다. 공교육의 도입이 지연된 것은 중상층이 사회적 약자에 대해 얼마나 무관심했는지를 보여주는 일면이다.

영국은 이름뿐인 '개혁된' 종교를 가지고 있었을 뿐, 실제 사회 개혁 면에서는 가톨릭 국가였던 프랑스보다 훨씬 뒤쳐져 있었다. 1870년 교육법을 발의한 W. E. 포스터는 하원에서 법이 통과될 당시 다음과 같이 말했다.

> "우리는 더 이상 지체할 수 없습니다. 초등 교육의 신속한 제공 여부에 우리의 산업적 번영이 달려있습니다. 세계 여러 나라들 사이에서 우리의 지위를 유지하려면, 적은 인구수를 개인의 지적 역량 향상으로 보완해야 합니다."[18]

법이 통과되어 일반 계층에게도 학습의 특권이 생겼지만, 위의 발언에서도 알 수 있듯이 이 법은 국민의 삶의 질 향상 이전에 국가 경쟁력 강화를 위한

---

17 https://incarnateword.in/other-authors/kireet-joshi/the-power-of-love/liberalism-and-education?utm_source=chatgpt.com

18 Asa Briggs, A Social History of England (New York, NY: The Viking Press, 1983) p. 196

것이었고 대영제국을 부강하게 하려는 목적이 먼저이었다. 경제적 번영 속에서도 가난한 이들의 처지는 계속해서 외면받았고, 도시 인구의 증가는 여성과 아동의 저임금 노동을 포함한 빈민가(slums) 생활 양식을 만들어냈다.

물론 일부 교회에서 서민에게 기초 교육을 시도하였으나 국가 차원의 교육 제도가 없다 보니 아이들은 영국의 산업화 과정에서 가장 가혹한 희생자 중 하나였다고 한다. 화려한 예배당에서 장엄한 헨델의 〈메시아〉를 경청하며 위대한 하나님을 찬송하였을지라도 가난한 자와 병든 자 그리고 아이들을 이렇게 혹독한 곳에 돈벌이로 이용하였으니 과연 그 종교에 하나님이 계신지 나로서는 의심하지 않을 수 없는 것이다.

성경은 하나님이 원하시는 '종교'를 야고보서에서 이렇게 설명하고 있다.

> 27 하나님 아버지 앞에서 정결하고 더러움이 없는 경건은 곧 고아와 과부를 그 환난 중에 돌보고 또 자기를 지켜 세속에 물들지 아니하는 그것이니라.

한글 성경은 '경건'이라는 단어를 사용했는데 그리스 원어 θρησκεία (thréskeia)는 신약에서 단 4번 사용되었고 영어는 Religion(종교)로 번역하였다. 경건은 신앙인의 자세라고 한다면 종교는 믿음의 체계나 가르침을 수용한 단체를 일컫는 단어다. 그래서 내가 이해하는 야고보서의 이 말씀은 신앙인이 가져야 할 자세가 아니라 예수를 섬기는 교회가 가져야 할 기본적이 모습이라고 볼 수 있다. 다음은 위의 구절을 영어로 번역한 성경 구절이고(NIV) 다시 우리말로 번역해 보았다.

"Religion that God our Father accepts as pure and faultless is this: to look after orphans and widows in their distress and to keep oneself from being polluted by the world"

하나님이 우리 아버지께서 받아들이시는 순수하고 흠 없는 종교는 이것이니 곧 환난 당한 고아와 과부를 돌보고 세상에 오염되지 않도록 스스로를 지키는 것입니다.

헨델의 메시아와 함께 한국 교회가 전수한 유럽의 기독교는 하나님이 요구하시는 종교가 아니다. 물론 유럽의 통로를 지나온 교회 역사에서 우리는 정리된 신학과 교리를 받았지만, 외형을 추구하던 영국 교회를 한국 교회가 따라간다면 결국 우리도 하나님과 상관없는 교회가 될 것이고 더 나가서 마구간의 예수는 교회의 주인이 아닌 한쪽 구석에 보이지 않는 손님일 뿐이다. 사회적 책임이나 공동체적 성숙보다는 개인의 축복을 전파하는 외형 중심주의와 물량주의 즉 유럽 교회가 세계를 정복하는 제국주의를 위해 사용된 교회를 그대로 모방하게 되는 것이다.

이렇게 외형중심과 물량주의 교회가 많아지다 보니 여러 가지 부작용이 있는데 그중에 가장 안타까운 모습이 지구 곳곳에서 보인다. 먼저 최근에 소천하신 교황 프란치스코께서 12일간 동남아시아를 방문하신 후 귀국길에서 하신 인터뷰에서 가톨릭 신자들에게 "lesser evil"(덜 악한) 후보를 선택하라고 권고하셨다.[19] 이민자를 추방하는 트럼프 후보는 "grave sin"(중대한 죄)이고 태아를 살인하는 해리스는 "assassination"(암살)로 규정하고 두 후보 모두 생명과 적대 관계라고 하셨다.

---

19 https://www.bbc.com/news/articles/crkdmdg78jgo

"둘 다 악한 후보이지만 덜 악한 후보를 택하라."라는 말은 누구나 할 수 있는 말인데 그중에 누가 더 악한지는 프란치스코 교황은 왜 설명하지 않으신 것일까? 물론 정치에 관한 의견은 신중하고 조심해야 하는 것은 당연한 일이다. 특별히 세상에 흩어진 많은 성도를 인도하는 자리에 계신 분이 누구를 지명하는 일도 현실적으로 어려운 일이다. 하지만 만에 하나라도 미-중 간에 지속되고 있는 무역전쟁이 악화 되어 무력을 사용하는 세계전쟁까지 전개된다면(그럴 확률은 너무 낮지만) 프란치스코 교황의 애매모호한 답이 결국은 인류가 대재앙을 피할 기회를 놓친 결과가 될 것이다. 나에게 lesser evil은 해리스였지만 교황께 lesser evil은 누구였을까?

나는 독자들에게 인터넷에서 교황께서 트럼프 대통령과 나란히 서서 찍은 사진을 찾아보시라고 제안하고자 한다. 교황님께 실례를 범하려 하는 말이 아니지만 이 사진에서 나는 교황의 때 묻지 않은 아이와 같은 모습을 보았다. 트럼프 대통령 옆에 서 계시는 게 얼마나 거북해서 그런 표정을 지었는지 나로서는 귀엽고 애처롭게 보였다. 나의 착각일지도 모르지만, 교황께 lesser evil 역시 나와 같은 인물이 아닐까 생각한다. 나중에 천국에서 만나면 꼭 물어볼 참이다. 또 한 가지 교황님의 얼굴을 보며 나 혼자 미소 짓게 되었던 이유는 한국 속담에 "꿔다놓은 보릿자루"라는 단어가 생각나서였다. 교황님 사랑합니다. 교황님의 어린아이 같은 솔직한 표정에 감사드립니다. 비록 누가 더 악한지는 언급하지 않았지만, 교황께서 지으신 표정만으로 나는 충분히 이해하고 감사드린다.

그런데 교황님보다 더 큰 문제는 한국의 대형 교회가 취한 행동에서 나타나는데 바로 윤석열 전 대통령 문제로 한국이 큰 혼란을 겪고 있을 때, 광화문에서 교회의 이름을 걸고 전광훈 목사가 매일 집회에 갈 때, 대부분의 대형 교회들이 침묵하였다는 것이다. 물론 충분히 중립을 지켜야 하는 교회의 위치를 논리적으로 정당화할 수 있다. 하지만 가톨릭교회에서 반(反)윤석열 대회에 참여할 때 이분들의 논리는 기독교 논리가 아니라고 할 수 있을까? 교회가, 특히 대형 교회가 끝까지 침묵을 유지하고 있었던 이유가 혹시라도 교회의 분열을 방지하기 위함이었다면 그것은 옳은 것일까?

한국 사회가 혼란에 빠져있을 때, 국민이 하루속히 나라가 안정된 생활을 되찾을 수 있기를 바랄 때 교회가 혹시 내 집 지키는 일이 먼저였다면 그것은 마치 아이들이 다치고 죽어 나가도 교회에서 헨델의 할렐루야를 공연하는 영국 교회와 다를 바 없을 것이다. 교회는 예수의 사랑으로 이웃을 섬기는 단체다(요한1서 4:20,21). 섬김이 없는 교회는 예배도 기도도 다 위선이다. 나라가 분열되는 모습을 보며 국민이 허망한 상태에 빠져있을 때를 위해서 기도한다고 말만 하였다면 사회는 물론 하나님 나라에도 가치를 잃은 외형만 있는 모조품으로 전락한 것이다.

교회가 정치적 중립을 지키는 것은, 당연한 일이다. 하지만 불의를 조장하는 정부를 보며 침묵하는 교회는 반인륜적이고 반(反)기독교적인 행위이다. 이것은 마치 베드로가 할례받은 유대인들의 질타가 두려워 무의식중 이방인과 거리를 두게 된 이중적인 행위와 유사한 것이다. 이러한 행위를 책망한 바울 역시 교회로부터 차별을 받을 수 있는 행동이었고 한 조직에 대한 도전이 될 수도 있었다.

하지만 바울의 고지식한 성격은 동료의 잘못된 행동을 눈감아 줄 수 없던 것이다. 나는 교회를 보고 안타까워만 하지 말고 자성하는 목소리를 내는 목사와 지도자들이 더 많이 나오기를 바란다. 물론 결국은 교회도 이스라엘과 마찬가지로 간음 행위를 되풀이할 것이지만 자성하는 소리가 많을수록 최소한 부끄러운 줄 알 것이고 그나마 부끄러운 구원을 받을 수 있으리라 믿기 때문이다.

용도 변경 3

매일 아침 노숙자들에게 식사를 제공하기 위해 새벽부터 수고하는 형제가 있다. 나와 지난 17년을 함께 한 친구인데 이름은 Richard(Rich)이고 이 친구를 처음 만난 시기는 2000년 초이다. Rich가 처음 선교회 생활을 시작할 때 나는 공장 일부를 빌려 목공예 일을 스스로 배우고 있었고 그때 처음 이 친구가 찾아와 함께 생활이 시작되었다.

나무로 일하는 과정에 위험한 기기가 많이 있는데 이 중에 전기톱이 있고 테이블 톱 그리고 목공용 라우터가 그중에 일부다. 그날도 여느 날과 마찬가지로 아침에 예배드리고 작업을 시작하였는데 얼마 지나지 않아 리치가 황급히 손에 피를 흘리며 나에게 달려왔다. 목공용 라우터에 손톱이 날아가며 살점이 떨어져 나간 것이다. 얼마 전에 내가 전기톱에 손이 다쳤을 때 찾아간 병원으로 리치를 태워 달려간 기억이 25년 전 일이다. 리치는 아직 술을 끊지 못한 상태였고 기회만 되면 거리로 나가 방랑자 생활을 계속하면서 두세 번 선교회를 떠났다가 17년 전에 선교회에 자리를 잡은 것이다.

그런데 지금 이 글을 쓰는 순간 리치는 다시 병원에 입원 중이다. 몇 년 전에 관상동맥우회술을 시술받고 자기도 놀랐는지 처음 6개월 정도는 담배를 끊고 음식 섭취도 유의하였다. 그런데 어느 순간부터 다시 담배를 달고 살았고 그 후 주기적으로 병원을 찾아 그 정도가 최근에 더 잦아진 것이다.

오늘은 2025년 5월 1일 목요일이고 리치를 병원에 입원시킨 날은 월요일 4월 28일이다. 아직 테스트가 더 남아서 퇴원하지 못하고 있는 상황인데 나는 언제나 리치의 마지막 순간을 염두하고 있다. 리치가 병원에 입원하던 날 제발 살아남으라고 함께 기도하였지만 그러기 위해서는 식생활을 완전히 바꾸고 담배, 설탕 음료 등 많은 '개혁'이 필요한데 리치가 그런 변화를 지속할 수 있을지 의문이다. 리치는 미운 정 고운 정 다 지닌 가족이고 형제다. 하나님께서 마지막까지 리치에게 지혜와 용기를 주셔서 이제는 결단을 내리도록 힘을 주시기를 기도한다.

여기에서 리치 소개를 잠깐 하는 이유는 리치가 병원에 갈 때마다 주방이 나에게 돌아온다는 것이고 이번 주 아침 수프는 내 몫이 된 것이다. 매일 아침 노숙자들에게 무슨 음식을 대접할지는 그 전날 계획되는데 선교회가 언제나 영세기관이다 보니 매일 아침 만드는 수프는 대부분 유통기간이 지나거나 지나는 당일 음식과 재료로 만들게 된다.

오늘 아침은 냉동된 그라운드 비프와 말라가는 가지와 버섯 그리고 기부받은 빵과 라면이다. 지난 화요일 그리고 목요일 아침 빵을 주원료로 아침에 수프를 만들었는데 그런대로 먹을 만한 스프가 되었다. 우리가 기부받은 음식 중에 항상 넘쳐나지만 버려지는 것이 빵이다. 쌀이나 라면 대신에 빵을 부숴서 물에 풀어보니 걸쭉한 죽이 된 것이다. 오늘 아침에 수프를 만늘면서 나로서는 행복한 시간(?)을 가셨는데 그 이유는 나랏돈으로 맛난 음식을 만들지 못해서 나름대로 감사한 것이다.

많은 한인 교우들이 나에게 하나 선교회는 왜 정부 보조를 받지 않는지 궁금해한다. 물론 제일 잡음이 적은 대답은 "종교 기관이기 때문입니다."라고 답한다. 그리고 사실이 그렇다. 대부분 기업이나 국가 기관의 보조금은 특정 종교활동에 사용할 수 없기 때문이다. 선교회를 오래 지원하던 친구가 자신이 다니는 회사에 메칭펀드 프로그램이 있어 후원금을 회사를 통해 선교회로 입금하였다. 회사는 이 친구가 후원하는 금액과 같은 액수를 더하여 두 배가 되어 선교회로 전달된 것이다.

매년 이 회사가 지원한 대응 자금을 받기 위해서는 보조금이 종교활동에 쓰이지 않는다는 서명을 해야 한다. 물론 이 금액은 대부분 방과후 학교에서 지도하던 대학생들에게 지급되어 나로서는 회사의 방침을 따른 것이다. 하지만 금액이 적었기 때문에 이 규정이 적용된 것이지 만일 대학생들에게 지급하고도 잔고가 많이 남았다면 과연 얼마나 정직하게 회사의 규정대로 이 금액이 사용될 수 있을까?

종교활동에 사용할 수 없기에 정부 지원을 받지 않는다는 이유는 사실 핑계다. 물론 이유 자체는 사실이지만 나는 이 규정이 존재하기 때문에 감사드린다. 왜냐하면 돈이 많을 때보다 없어서 이로운 점이 더 많이 있기 때문이다. 물론 이 장점은 나와 제일 가까운 형제와 자매도 이해하기 어려운 일이다. 하지만 결코 과장이 아니다. 돈이 없을 때 다음과 같은 장점이 생긴다.

첫째, 아침마다 숲키친을 찾아오는 사람들에게 신뢰를 받고 있기 때문이다. 만일 내가 나라에서, 기업들로부터 많은 금액을 지원받았다면 나는 서비스를 제공하는 또 하나의 단체가 되어야 한다. 좋든 싫든 돈을 받았으니 이에 상당하는 혜택을 지역 주민에게 제공해야 하고 주민들은 내가 이 돈을 잘 활용하고 있는지 암암리에 감시하게 된다. 그리고 그 서비스가 기대에 차지 않을 경우, 처음에는 불만을 표시하고 그래도 수정되지 않을 경우, 다른 프로그램으로 옮기거나 주 정부에 고발하기도 한다.

그런데 27년 동안 선교회에서 식사하신 분들에게는 이런 고민이 없다. 왜냐하면 내가 일해서 번 돈으로 식사를 제공하기에 서비스 질과 양에 불만이 없기 때문이다. 물론 아주 가끔 불만을 품고 항의하는 사람이 있지만, 그 불만이 해결되기까지는 그리 오랜 시간이 필요하지 않다. 이곳을 오래 찾아온 노숙자들이 불만 있는 사람을 진정시킨 후에 이 사역의 실체를 알려주기 때문이다.

이렇게 27년 사역을 하는 동안 유통기간이 지나거나 지나가는 음식을 먹고 혹시 배탈이 날 경우도 있었겠지만, 누구 하나 불평하는 사람이 없는 일이 과연 어떻게 가능할 수 있을까? 더 좋은 질과 양으로 음식을 대접하지 못하는 아쉬움은 있지만 크게 걱정할 일이 아니다. 왜냐하면 두 블록 떨어진 곳에 Eva's Village라는 단체가 있는데 선교회보다 더 좋은 음식을 매일 제공하기 때문이다.

내가 이 일을 하는 이유는 음식을 먹지 못하는 사람에게 빵을 주고자 하는 것이 아니다. 오히려 빵이 넘쳐나는 것이 문제다. 일하지 않아도 먹을 것이 풍부할 때 사람에게 돌아오는 나태함이 더 큰 문제를 일으키기 때문이다. 내가 이들에게 주는 음식은 하나님의 사랑이고 예수의 보혈이다. 이 사람들에게 진정 필요한 것은, 영의 양식이기 때문에 그 외의 것을 함께 나눠주기 위하여 나머지 수고를 감당하는 것이다. 노숙자들에게 식사를 제공할 때 길에서 나눠주는 단체가 종종 있다. 나눠주고 가면 그만이다.

하지만 이들이 아침을 먹기 위해 선교회 건물에 들어오게 되면 이들이 함께 가지고 오는 것들이 있다. 몸에서 기어 나오는 바퀴벌레도 있고 밤새워 마신 술기운에 바지에 오줌을 싼 사람, 몇 주간 혹은 몇 달 동안 안 갈아입은 옷에서 나는 악취 등이 있다. 이분들이 화장실을 쓰고 난 후 매일 청소해야 하는데 변기에 싼 오물을 치우는 일도 일이지만 변기를 누군가 이미 차지하였는지 샤워장에서 일을 보고 유유히 나오는 사람이 많지는 않지만 실제로 일어나는 사건이다. 그럼에도 불구하고 말씀을 먹이려면 이들이 들어와야 하고 함께 이들과 같은 자리에 있어야 한다. 이렇게 서로 믿고, 양보하고, 존중할 때 일단 신뢰가 쌓이고 그 후에야 하나님의 말씀을 먹일 수 있는 환경이 만들어진다.

내가 돈이 없어서 일어난 두 번째 혜택은 내가 섬기는 사람들이 지옥에 갈 확률이 줄었다는 것이다. C. S. Lewis(1898-1963)의 Mere Christianity(순전한 기독교)에서 전한다.

"기독교 교사들에 따르면, 본질적인 악덕이자 가장 극악한 죄는 '교만'이다. 부정, 분노, 탐욕, 술 취함 등은 이에 비하면 단지 벼룩에 물린 것에 불과하다. 마귀가 마귀로 된 것도 바로 교만 때문이었다. 교만은 다른 모든 악으로 이끈다. 그것은 하나님을 완전히 거역하는 마음 상태이다."[20]

배고픈 사람들에게 양과 질의 음식을 제공하지 못하는 것과 교만은 어떤 관계가 있을까? 내가 없는 데서 음식을 제공하는 것과 풍부한 자원을 가지고 음식을 준비할 때 이 음식을 받는 사람의 마음가짐이 다르다는 것이다.

---

[20] C.S. Lewis, Mere Christianity, Book III, Chapter 8: "The Great Sin"

지인 중에 한인 노인들을 대상으로 Adult Medical Daycare 프로그램을 운영하시는 분이 있다. 선교회에 가끔 혼자 소화할 수 없는 양의 물품이 공급될 때 근처 기관들에 나눠준 적이 있다. 그날도 한국 과자가 많이 있어서 몇 박스 전달해 드리러 그곳에 도착하고 물건을 내리는 중이었다. 한 할머니께서 박스를 여기저기 살피시더니 유통 날짜가 지난 것을 가져오지 말라고 호통을 치시는 것이었다. 서로 아는 사이도 아닌 분이 내가 물건 운반하는 어느 회사의 직원으로 보셨는지 무례한 언사로 한마디 하시고 가신 것이다. 이분은 사장님도 직원도 아닌, 이 프로그램에 참석하는 한 노인이었다. 찝찝한 마음으로 옮기던 박스를 도로 가져갈까 생각하다가 유통 날짜가 아직 한 달 이상 남았는데 그래도 나머지 분들에게 나눠주면 좋을 것이라 마음먹고 계속해서 박스를 옮기고 돌아왔다.

선교회로 돌아오는 길에 내가 받은 상한 감정을 정리하면서 이 할머니가 불쌍하다는 생각이 들었다. 첫째는 연세가 드셨는데 어떻게 초면에 이렇게 무례한 언성을 사용하시는 것인지. 둘째는 너무 먹을 것이 많아서인지 이 프로그램이 만족스럽지 못하기 때문인지는 모르겠지만 음식에 대하여 감사가 없기 때문이다. 셋째, 어떤 인생을 살아오셨는지 이분에 대하는 아무것도 모르지만, 이분의 언행에서 교만이 흘러나왔기 때문이다.

그런데 이런 현상을 나만 감지하는 게 아니었다. 어제도 과일이 넘쳐나서 이곳에 늘려 나눠주다가 직원들과 잠시 대화할 시간이 있었다. 운전하시는 분 중 한 분인 것 같은데 나에게 담배를 권하셔서 괜찮다고 사양했다. 내가 가져온 과일이 상태가 좋지 않아 내리지 않기로 했다고 이분께 말씀드리자 이분이 나에게 노인네들을 조심하라고 주의 주셨다. 이분이 이곳에서 일하며 조금만 맘에 안 들면 불평이 심하신 노인들 때문에 죽겠다며 하소연을 한 것이다.

　가진 게 많으면 많을수록 불평불만이 늘어나는 데 비해 선교회를 찾아오는 노숙자들은 대부분 내 친구들이다. 나는 이 친구들에게 좋은 것을 나눠 주고 싶지만, 그것도 한두 번이지 좋은 것을 계속해서 받다 보면 결국 사람은 더 좋은 것을 받아야 성이 풀리고 마지막은 교만으로 가득 차게 되는 것이다. 음식보다 더 중요한 게 있고 사람의 생명보다 더 소중한 게 있다. 그것은 하나님과 타인 앞에서 겸손한 것이다. 겸손은 하나님의 은혜를 체험할 수 있는 길이지만 교만은 사탄과 함께 지옥 불에 떨어지는 지름길이기 때문이다.

　셋째, 가난이 주는 많은 장점이 있는데 그중에 가장 소중한 것은 내가 낮은 자리에 계속 머무를 수 있다는 것이다. 물론 부하고 위대하면서 낮은 자리에 있는 사람은 대단한 사람이다. 문제는 아무리 겸손한 사람이라도 재물이 쌓이고 지위가 높아지면서 본인도 알지 못하는 사이 교만한 자리로 올라앉게 된다는 것이다. 일부러 그 자리를 차지하려고 한 것은 아니지만 일종의 자연적인 현상이다. 가끔 이런 엉뚱한 질문을 강단에서 혹은 강연에서 관객들에게 던지는데 태어나면서 범죄자가 되려고 결심한 사람이 있는가이다.

　결국 마약 중독자가 되려고 작정해서가 아니라 한순간의 선택이 꼬리에 꼬리를 물고 일어나 결국 마약 중독에 빠지게 되는 것이다. 마찬가지로 돈과 권력의 매력에 이끌려 이 힘에 끌려다니다 보니 어느새 똑같은 중독 증세가 나타나는 것이다. 이것을 잘 설명한 사진이 인터넷에 떠돌고 있는데 바로 미국 대통령이 AI를 사용하여 자신을 교황으로 둔갑시킨 모습이다.

세상에서 가장 강한 국가의 실세가 되었지만, 국경과 인종을 초월한 세상의 지도자 교황보다 아직 작다고 생각하셨는지 꿈속에서나마 자신을 교황으로 만들고 만 것이다. 출판한 이전 책에서 이분에 대한 내 생각을 충분히 소개하였으니 더 이상 더할 것은 없다. 다만 이분을 통하여 세상이 종말로 가고 있다는 생각이 조금 더 확실해진 것이다.

이분의 속은 일반인과 전혀 다르지 않다. 하나님의 은혜로 자신이 얼마나 '속물'인지 깨닫지 못한 사람은 다 이런 증상을 보이는데 이 세상이 돌아가는 원리가 바로 여기에 있다. 구글에서 '속물'의 뜻을 찾으면 다음과 같은 정의를 보게 된다.

'개요[편집] 교양이 없으며 식견이 좁고, 세속(世俗)적 이익이나 명예에만 마음이 급급한 사람을 얕잡아 이르는 말. 현실에서는 주로 재물이나 권력을 탐할 때 수단과 방법을 가리지 않는 사람을 가리킬 때 주로 사용한다.'

세상은 수단과 방법을 가리지 않고 재물과 명예를 차지하기 위하여 권력을 손에 잡은 자에 의하여 돌아가는 것이다. 그 수단과 방법 안에 종교가 있고 그 안에 기독교가, 그리고 그 안에 내가 있다. 나에게 기회가 찾아온다면 광화문에서 집회를 이끄는 목사가 전광훈 씨가 아니라 내가 될 수도 있을 것이다. 그런데 나에게는 그럴 기회가 보이지 않는다. 노숙자들과 씨름하다 보니 보편적인 세상에서 내가 살아남을 수 있을지 이미 자신이 없다. 그래서 나는 감사한다. 세상에 속하기보다 이렇게 낮은 자리에서 노숙자들과 함께 밥을 먹고 생활할 수 있음을.

사도 바울의 세번째 용도 변경은 세상이 원하는 부와 명예보다 가난과 수치였다. 이스라엘을 위하여 기도하는 한국 교회를 연구하다가 2011년 작고하신 하용조 목사님의 설교를 듣게 되었다. 이날 설교 제목은 "우리는 왜 이스라엘을 위해 기도해야 하는가?"[21] 이었다. 목사님의 설교는 로마서 11장 12절 말씀을 중심으로 이방인인 우리가 구원받기까지 이스라엘의 실패가 있었고 그들의 불순종으로 하나님의 은혜가 우리에게 미친 것을 알게 되면 당연히 이스라엘을 위하여 기도해야 하는 것이 우리의 책임이라고 말씀하셨다.

> 12 그들의 넘어짐이 세상의 풍성함이 되며 그들의 실패가 이방인의 풍성함이 되거든 하물며 그들의 충만함이리요.

그런데, 목사님의 설교는 당연한 말씀이지만 말씀의 적용이 나와 약간 생각이 다른 걸 느꼈는데 첫째, 말씀의 적용에서 하나님의 축복을 받으려면 이스라엘을 위하여 기도해야 한다는 애매한 결론이었다. 예수께서 우리를 영원한 형벌에서 구원하시기 위하여 자신을 속죄 제물로 삼으시고 그의 공로로 우리가 하나님의 자녀 되는 더 이상의 큰 축복이 없는데 이스라엘을 위하여 기도하면 하나님이 우리에게 어떤 복을 더 주실 수 있다는 말인가?

둘째, 목사님의 말씀 서두에 온누리교회가 이렇게 큰 교회를 지을 수 있었던 이유가 이스라엘을 위하여 기도하였기 때문이라고 하셨는데 혹시 이스라엘을 위하여 기도하면 이 땅에서 이렇게 큰 교회와 큰 집을 장만할 수

---

21 https://www.youtube.com/watch?v=eGssQtH9NrY&t=189s&ab_channel=%EA%B8%B0%EB%A1%9D%EB%AC%B8%ED%99%94%EC%97%B0%EA%B5%AC%EC%86%8C

있다는 의미가 아닌지 또 한 번 이 시대의 교회가 생각하는 하나님의 축복관을 의심하지 않을 수 없었다.

바울의 길은 하나님의 축복을 누리는 일이 아니었다. 그것은 축복을 옮기는 노동자였다. 물론 바울이 하나님 앞에서 지은 죄가 있기에, 스스로 "죄인 중에 괴수"(딤전 1:15)라고 소개하며 은혜에 감사하여 복음 전파에 힘쓰고 있지만, 이분이 감당한 일은 인간 스스로 할 수 있는 일이 아니었다. 그 이유는 자기 권리를 유지하려는 인간의 본성으로 감당할 수 있는 일이 아니기 때문이다. 바로 노동자보다 한 단계 더 낮은, 자기의 권리와 요구를 모두 잃어버린 '노예'의 신분으로 자신을 좌천시킨 것이다.

> 12 다른 이들도 너희에게 이런 권리를 가졌거든 하물며 우리일까보냐 그러나 우리가 이 권리를 쓰지 아니하고 범사에 참는 것은 그리스도의 복음에 아무 장애가 없게 하려 함이로다 명하셨느니라.
> 19 내가 모든 사람에게서 자유로우나 스스로 모든 사람에게 종이 된 것은 더 많은 사람을 얻고자 함이라(고전 9장).

바울의 근무시간을 미국 임금으로 계산하면 다음과 같다. 미국의 노동법은 주마다 다르지만, 연방법에 따르면 최저 시급이 2025년 기준 7.25 달러이고 뉴저지 법은 14.53달러이다. 여기에 오버타임을 더하면 시간당 수급에 1.5배를 주게 되어있다. 쉽게 말하면 바울은 오버타임 수당은 물론, 연방 임금의 최저 수준인 7.25 달러마저 마다한 것이다. 물론 빌라델피아와 마게도니아 교회를 통해 후원을 받은 기록이 있지만, 바울의 삶은 복음 전파와 함께 노동자의 수고를 감당해야 했다.

> 2 아굴라라 하는 본도에서 난 유대인 한 사람을 만나니 글라우디오가 모든

> 유대인을 명하여 로마에서 떠나라 한 고로 그가 그 아내 브리스길라와 함께 이달리야로부터 새로 온지라 바울이 그들에게 가매
> 3 생업이 같으므로 함께 살며 일을 하니 그 생업은 천막을 만드는 것이더라
> (행 18).

이렇게 오버타임이나 정당한 보수도 없이 한 영혼이라도 더 구원에 이르도록 고난을 감수한 바울에게 고난은 그리스도와 하나 되는 **최고**의 방법이 되었고 그 결과가 부활이라는 것을 이론적으로 경험적으로 습득이 됐다. 마치 예수께서 말씀하신 "밭에 숨겨진 보물"인 하늘나라를 발견하고 모든 소유를 팔아 그 밭을 산 농부처럼 바울에게 이 고난의 길이 예수 그리스도(진리)와 더 가까워지는 길이라는 것을 더욱 확신하게 된 것이다.

그래서 바울은 이 고난의 길을 누구에게도 양보할 수 없었고 그 어떠한 고난이라도 그리스도 예수께서 감당하신 고난에 동참하는 일이 가슴이 벅차도록 감사한 일이었다. 그리고 그 고난 중에 아름다운 결실이 맺혀지는데 우리에게 잘 알려진 옥중서신, 에베소서, 빌립보서, 골로새서, 빌레몬서가 바울의 고난이 남긴 열매 중 하나이다. 바울이 예수 그리스도를 따라서 그 고난에 참여하다 보니 옥중 생활까지 경험하게 되는데 제삼자가 볼 때 이것은 수치고 세상의 눈으로는 도저히 이해할 수 없는 길이였다.

그래서 바울을 떠난 사람이 바울의 서신에 등장하는데 바로 데마다. 바울이 빌레몬서를 마치면서 마지막 인사와 함께 마가, 아리스다고, **데마**. 누가를 "나의 동역자"라고 칭한 것으로 보아, 데마는 바울을 도와 교회를 인도한 지도자 중 한 명일 것이다. 마찬가지로 골로새서 4:14 절에서 다시 한 번 데마가 소개되었다.

> "사랑받는 의사 누가와 또 데마가 너희에게 문안하느니라".

하지만 디모데후서에 기록된 데마는 바울을 버리고 데살로니가로 떠났다고 하였다. 데마가 떠난 이유를 구체적으로 언급하지는 않았지만, 이 세상을 사랑하였기 때문이라고 한마디로 간추렸다. 그렇다면 데마는 왜 바울보다 세상을 택하였는지 이해하기 위해서 바울이 말한 세상은 어떤 세상인지 알아야 할 것이다.

예수께서 제자들과 하나님의 백성을 위해서 기도하실 때 "내가 세상에 속하지 않은 것과 같이, 그들도 세상에 속하지 않았습니다"(요 17:16) 하시며 세상에 있지만, 세상에 속하지 않은 분리된 영적 상태를 유지할 수 있도록 아버지께서 인도해주시기를 바라셨다. 왜 세상에 있으면서 세상과 분리해야 하는 교회와 성도의 삶이 되어야 하는지는 더 말할 필요가 없지만, 간단히 정리하자면 다음과 같다.

이 세상은 하나님의 섭리 가운데 악의 통치 아래 있고(요 17:15 요한1서 5:19) 하나님이 허락하시는 범위 내에서 사단은 세상 권세를 사용하여(고후 4:4 욥기 1:12) 사람을 파괴하는 능력을 행사하고 있다(벧전 5:8). 그럼으로 세상을 사랑하는 자는 하나님의 사랑을 모른다고 하였고 (요한1서 2:15) 세상과 친구가 된 사람은 하나님과 원수 관계(야고보서 4:4)라고 성경이 증거하고 있다.

여기까지는 성경을 통독하지 않아도 대부분 아는 사실이다. 그리고 데마도 최소한 이 정도 지식을 가지고 있었을 것이다. 그럼에도 불구하고 데마가 바울을 버리고 세상으로 떠난 이유는 무엇일까? 그 이유를 알기 위해서는 먼저 베드로가 왜 예수님을 부인하였을까 생각해 보아야 하겠다. 로마

병정들에게 끌려가시는 예수를 먼발치에서 따라가며 베드로가 생각한 것은 무엇일까?

예수께서 제자들에게 한번(마 16:21-23), 두 번(마 17:22-23) 그리고 세 번이나(마20: 18-19) 자신이 어떻게 죽게 될 것인지 미리 알려주셨기 때문에 로마 병정과 함께 가시는 주님께서 죽으러 가시는 걸 그 순간에 감지하였을 것이다. 그렇게 멀리서나마 죽음을 향해 가시는 선생과 마지막까지 함께하려 하였는데 전혀 예상치 못한 질문이 닥쳐올 때 베드로는 무의식중에 죽음보다 삶을 택하였고 결국 예수를 모른다고 부인하고 만 것이다. 바로 죽음의 공포를 인간 베드로는 넘지 못한 것이다.

데마 역시 똑같은 공포를 느낀 것이 아닐까? 빌레몬서와 골로세서에 나타난 데마가 바울과 함께 할 수 있었던 이유는 당시 상황은 가택연금 상태였고 "자기에게 오는 사람을 다 영접"(행 28:30) 할 수 있는 제한된 자유가 있었기 때문이다. 하지만 바울이 두 번째 감옥에 갇혔을 때 상황은 전혀 다르다. 로마에서 발생한 큰 화재로 인해 네로 황제는 교회를 핍박하였고 바울은 첫 번째 구속된 상황보다 험한 어두운 지하 감옥에서 순교의 준비를 하고 있었던 것이다(딤후 4:6-8).

상황이 이렇게 악화되자 죽음으로 몰아가는 것을 감지하였기 때문일까, 바울은 서신에서 얼마나 외롭게 혼자 이 길을 감당하였는지 잘 보여주고 있다.

> 16 내가 처음 변명할 때에 나와 함께 한 자가 하나도 없고 다 나를 버렸으나 그들에게 허물을 돌리지 않기를 원하노라.

> 17 주께서 내 곁에 서서 나에게 힘을 주심은 나로 말미암아 선포된 말씀이 온전히 전파되어 모든 이방인이 듣게 하심이니 내가 사자의 입에서 건짐을 받았느니라.
> 18 주께서 나를 모든 악한 일에서 건져내시고 또 그의 천국에 들어가도록 구원하시리니 그에게 영광이 세세무궁토록 있을지어다 아멘(딤후 4).

우리는 데마를 탓할 수 없다. 바울도 그들에게 허물을 돌리지 않기를 원하였다. 죽음 앞에서 대부분 자연인은 두려움을 느끼는 것이 당연하고 자신의 목숨을 살리기 위해 나라도 친구도 팔 수 있기 때문이다. 두려움을 초월하는 신념이나 하나님이 주시는 담대함이 없으면 모두 다 도망쳐야 '정상적인 사람'이라고 인정받을 수 있을 것이다. 그래서 죽음이 무서워 바울을 떠났다는 사실이 타당한 이유가 될 수 있지만, 아직 세상을 사랑한 데마에 관한 설명은 하지 못했다. 성경 외에 데마에 관한 자료는 초기 기독교 문헌 중에 "바울과 테클라 행전"이라는 글에 잠깐 소개되는데 바울을 비방하는 위선적 인물로 묘사되었다고 한다. 이 외에는 전무하다.

하지만 세상을 사랑하는 일은 전혀 생소한 것이 아니다. 왜냐하면 우리는 모두 다 세상을 사랑하기 때문이다. 그리고 그 사랑은 바로 나 자신이다. 내가 세상이고 세상이 나이기 때문에 인간은 누구나 다 자신을 위해 살 수밖에 없다. 백악관에 있는 트럼프 대통령도 북한에 있는 김정은 동무도 다 자기를 위해 사는 것이다. 물론 대외적 이미지를 위하여 트럼프 대통령은 성조기에 입을 맞추며 자신을 애국자로 소개하고 김정은 동무는 백성을 사랑하는 민족의 아버지로 이미지를 만들었지만 결국 모두 다 자기 사랑을 실천하는 방법이고 이에 대하여 아무런 문제 제의를 할 필요가 없다. 문제를 제기하는 사람도 대부분 마찬가지이기 때문이다.

이런 본성에 순종하는 듯 예수의 두 제자(야고보와 요한)의 어머니는 예수께 찾아와 "나의 두 아들을 주의 나라에서 하나는 주의 우편에, 하나는 주의 좌편에 앉게 해달라."(마 22: 21)고 부탁드리는 장면이 있다. 이 소식을 들은 열 제자가 두 형제에 대하여 분히 여겼다(24절)고 하였다.

그런데 무엇 때문에 분노를 일으킨 것일까 곰곰이 생각해 보면 자기들도 똑같은 것을 원하는데 두 제자가 어머니까지 동원하는 반칙을 사용했다고 믿고 있기 때문이 아닐까? 물론 예수님은 제자들을 불러 자기 사랑이 세상 사랑이니 너희 중에는 그렇지 않아야 한다고 하셨지만, 이 이론이 실체가 되기 위해서는 인간의 노력만으로는 불가능한 것이다.

나는 데마가 사랑한 세상과 제자들이 원하는 예수 왕국의 우편과 좌편을 비교해 보면서 이들의 바람은 같은 것이라 생각한다. 데마 역시 세상에서 인정받는 사람이 되기를 원하였고 교회에서 으뜸이 되기 위해서 바울을 쫓았지만, 바울의 모습이 이상하리만큼 점점 퇴화되어 결국은 로마의 지하 감옥까지 전락하는 모습이 이해되지 않았을 것이다.

사실, 예전이나 지금이나 출세를 위해 예수를 믿고 재물을 위해 목사가 된 사람들이 수두룩하다. 그리고 이런 현상은 이 시대에 국한된 것이 아니다. 성경 곳곳에서 재물을 위해 말씀을 팔아먹는 사람이 많이 있다고 바울이 증거하고 있다.

> "우리는, 저 많은 사람들처럼 하나님의 말씀을 팔아서 먹고 살아가는 장사꾼이 아닙니다. 우리는, 하나님께서 보내신 일꾼답게, 진실한 마음으로 일하는 사람들입니다."(고후 2:17).

그럼에도 불구하고, 복음이 전파되는 자체만으로 바울은 기뻐한다고 고백하였다(빌 1:18). 내가 상상한 데마는 이 세상의 부유함과 쾌락을 좇았던 단순한 이탈자가 아니라고 생각한다. 왜냐하면 부유함과 쾌락만으로 만족할 수 있는 사람은 바울과 함께 몇 년을 버틸 수 없다. 적어도 수년간(5년 이상) 진리를 찾기 위해 노력하고 보수도 없는 일에 매진할 수 있었다면 최소한 자기만의 가치관이 있는 사람이었을 것이고 이런 가정 아래 데마가 원한 것은 바울이 지목한 '저 많은 사람처럼 하나님의 말씀을 팔아서 먹고 살아가는" 무리 중에 한 사람이 되고자 한 것으로 이해할 수 있다.

다시 말해서 데마가 데살로니가로 떠난 이유는 바울의 구차한 모습이 비이성적이고 보편적인 종교의 목적에 부합되지 않는다고 보았기 때문이라고 생각한다. 물론 이것은 어디까지나 나의 추론이지만 내가 생각한 데마의 모습과 바울이 복음을 전파할 당시에 있었던 사상들을 비교해 보면 충분히 가능한 논리라고 볼 수 있다.

바울이 복음을 전파하며 전개한 일 중 하나는 왜곡된 교리와 대항하며 기독교 교리를 세우는 일이었다. 당시에 교계에 스며든 완연한 사상 중에 첫째는 믿음으로 의에 이르는 복음을 유대주의 율법으로부터 방어해야 했고(갈 3:1-3). 둘째, 물질은 악하고 영은 선하다고 믿는 이원론적인 사상(영지주의 초기 형태)을 몰아내고(골 2:8). 셋째, 은혜를 받았으니 죄를 지어도 괜찮다는(율법 패기론) 논리에 대항하여(롬 6) 우리의 몸을 의의 종이 되게 하고, 마지막 넷째, 영혼 불멸은 인정하되 육체적 부활을 부정하는 헬라 철학파들에게 부활은 복음의 핵심(고전15)임을 증거하였다.

이런 배경을 가지고 데마를 생각해 보면 바울의 고지식한 결단은 아무리 예수를 따르는 사람이라고 할지라도 용납하기 어려운 수준이었다. 데마가 감당할 수 있는 수준은 평범한 복음을 파는 장사꾼이었다. 하나님의 은혜로 죄 사함을 받았으니 적당히 자리 권리를 주장하고 세상과 적당한 관계를 유지하며 평범한 지도자가 되기를 원한 것이다.

천로역정에 등장하는 많은 인물 중에 '사심'이라는 사람이 있다. 이분 역시 천국을 향해 걸어가다가 주인공인 '성도'를 만나 자신의 신앙관을 나누다가 결국은 동행할 수 없다는 결론에 도달한다. 그 이유는 사심이 가지고 있는 종교관의 목적은 천국이라고 하지만 방법이 다르기 때문이다. 사심은 자신의 종교관을 이렇게 설명하고 있다.

> "다른 사람들은 종교가 초라한 옷을 입고 멸시받을 때는 종교를 지지하지만, 나는 상황이 잘 풀리고 칭찬을 받을 때 내 믿음을 사람들 앞에서 자랑스럽게 드러낸다."[22].

사심의 생각을 듣고 있는 친구 중 하나인 Mr. Hold-the World(세상 친구)는 사심을 부추기며 다음과 같이 말한다.

> "내 생각에는, 하나님의 풍성한 축복이 우리에게 부어져서 안정된 삶을 누리는 그런 종교가 가장 좋다고 본다. 가만히 생각해 보면, 하나님께서 이 땅의 좋은 것들을 우리에게 주셨다면, 그것을 하나님을 위해 계속 누리기를 바라신다는 건 당연한 이치 아니겠는가? 아브라함과 솔로몬도 종교를 통해 부유해졌고, 욥도 의로운 사람은 금을

---

22 The Pilgrim's Progress, John Bunyan (Revision by Alan Vermilye) p. 141

티끌처럼 쌓는다고 하지 않았는가?"²³

이 두 사람 외에 함께한 일행은 천국을 목적으로 이 길에 들어섰지만 결국 다음 장 "은광이라는 올무"에서 사라져버린다. 결국 이들이 추구한 것은 천국을 사칭한 축복과 안정된 삶이 목적이었던 것이다. 이런 관점에서 볼 때 데마가 바울을 떠난 일은 결코 놀라운 일도 분노할 일도 아니다. 지극히 자연스러운 사람의 모습일 뿐이다. 다른 사람의 이익을 위하여 자기 권리를 포기하는 일은 비이성적이고 비인간적인 초자연적인 현상이기 때문이다.

이런 자연 현상은 바울 시대에 국한된 것이 아니다. 1678년 존 번연이 천로역정을 쓸 당시에도 그리고 지금도 데마의 모습을 교회 곳곳에서 찾아볼 수 있다. 바울이 말한 저 많은 사람은 몇 명이고 하나님께서 보내신 일꾼답게, 진실한 마음으로 일하는 사람은 몇이나 될까? 저 많은 사람과 대비하여 진실한 마음을 가진 사람들의 재생산율을 Chat GPT로 따져보면 다음과 같다.

2000년 동안 '복음을 팔아먹는 자들'과 '진실한 자들'의 증가율을 계산할 수 있는가?

> 직접적인 통계는 존재하지 않지만, 가정 모델을 세우고 상징적 수치로 추정할 수는 있습니다. 계산은 순전히 가상의 모델에 기반하며, 실제 역사적 데이터가 아님을 유의해주세요.

---

23 Ibid. p.142

가정 설정

- 시작 시점 (A.D. 60경, 바울 당시)
    - 진실한 복음 전파자: 10명
    - 복음을 이용한 자(왜곡자): 10명
- → 즉, 초창기 비율은 1:1 (같은 수로 가정)
- 진실한 자는 매 100년에 20%씩 증가 (핍박, 순교, 진실성은 유지되되 증가율은 느림)
- 복음을 팔아먹는 자는 매 100년에 80%씩 증가 (수적 확장은 빠르나 질은 희박)

계산식

- 일반적인 증가 모델: 인구수 = 초기 수 × (1 + 증가율) ^ (연도/100)

2000년 후 예상 수치

- 진실한 복음 전파자:

    $N_1 = 10 \times (1 + 0.2)^{20} = 10 \times (1.2)^{20} \approx 10 \times 38.34 \approx 383$명

- 복음을 왜곡하는 자:

    $N_2 = 10 \times (1 + 0.8)^{20} = 10 \times (1.8)^{20} \approx 10 \times 38,337 \approx 383,370$명

비율 비교

구분	수치 (추정)	비율
진실한 자	383	1
왜곡한 자	383,370	약 1000:1

> **결론적 해석**
> - 2000년간 수적 성장만을 기준으로 보면, 복음을 이익이나 권력 도구로 이용한 자들이 진실한 전파자보다 훨씬 더 빠르게 확산했을 가능성이 큽니다.
> - 이 계산은 단순 모델이며, 역사적으로도 중세 교회의 타락, 종교개혁, 현대의 상업적 종교 모델 등을 반영한 상징적 시뮬레이션입니다.

물론 나는 동원할 수 있는 모든 방법을 찾아 교회와 성도들에게 새로운 방향을 제시하고자 하는 것이지 교회와 함께 자폭하자는 것이 아니다. 가상 설정에서 진실한 자와 왜곡자를 10명씩 동등한 숫자로 시작한 결과가 1000:1이라면 바울이 말한 저 많은 사람을 100명으로 가정하고 진실한 자를 10으로 한다면 그 결과는 33,253:1로 집계되었다. 진실한 자 1명당 복음을 팔아먹고 사는 사람이 33,253명이라면 대한민국은 물론 미국과 세계의 모든 교회와 성도들은 대성통곡하며 새로운 교회의 방향과 가치관을 정립해야 할 것이다. 물론 하나님의 섭리 가운데 때마다 이 계산을 어느 정도 조정하셨겠지만 인간의 본성이 애초부터 같기에 바울과 같은 사람은 지금도 33,253명의 목회자 중 하나가 나올까 말까 한 것이 현실이다.

그렇기 때문에 나는 이 시대의 목회자들에게 바울과 같이 가난과 수치를 택하자고 호소하고자 한다. 부와 명예는 데마가 원한 것인데 어쩌자고 이 시대의 교회는 하나님의 말씀으로 부를 축적하며 성도들에게도 데마의 바램을 실천할 수 있도록 하나님의 축복을 판매하는 강대상이 되었는지 한탄하지 않을 수 없는 것이다. 하나님의 축복을 누리려고는 하지만 그 축복을 전달하는 과정, 즉 가난과 수치는 거부한 교회를 나는 "데마의 교회"라고 보는 것이다.

가려진 진실

리치를 병원에 내려주고 6일째 되던 날 토요일, 리치가 병원에서 돌아왔다. 몸무게가 준 것이 눈에 띄었고 수염을 깎은 지가 언제인지 얼굴의 반이 머리카락과 수염에 가려 동물원의 원숭이를 보는 것 같았다. 하루가 지난 주일 아침 리치에게 선택권을 주었다. 더 이상 담배를 끊지 않는다면 선교회에서 생활할 수 없으니 담배를 택하던가, 아니면 하나 선교회를 떠나 다른 살길을 찾아가라고. 떠나라는 말이 서운했는지 금방 눈에 눈물이 고이더니 어떻게 내가 이제까지 변해온 과정은 생략하고 담배 하나로 나에게 이렇게 매정한 말을 하는지 항의하였다. 물론 나는 담배를 피우고 안 피우고가 천국의 입성 조건에 포함된 것은 아니라고 믿는다.

하지만 리치가 담배를 끊어야 하는 이유가 여러 가지 있는데 첫째는 자기 자신을 위해서다. 살아갈 날이 얼마나 남았는지 모르겠지만 담배를 끊어야 한다는 말은 의사는 물론 리치의 가족과 내가 수없이 반복하였다. 그럼에도 불구하고 자기 몸에 있는 문제는 담배가 아니라 "심장에 물이 고여서", "몸에 염분이 너무 많아서"라며 그때마다 핑계를 대며 담배와 자신이 떨어질 수 없는 관계임을 고수한 것이다. 나는 매번 리처가 병원에 갈 때마다 동행하였고 리치를 위해 기도했지만, 그 횟수가 점점 잦아지면서 더 이상 리치에게 담배를 허용할 수 없는 위치까지 오게 된 것이다.

둘째, 선교회가 운영하는 프로그램은 약물중독에서 자유를 찾기 위해 만들어진 공동체이다. 물론 술과 마약이 일차 중독증이고 이 두 가지를 넘어온 자체만으로 이들에게는 큰 성과라고 할 수 있다. 술, 마약과 달리 담배는 충분히 일상생활을 유지하면서 사용할 수 있는 기호 상품으로 인정할수 있다. 그러나 이것은 일반 사회에서 인정하는 기준이고 중독증에 시달리던 사람들에게 담배는 이들의 마지막 옛 모습이고 다른 면에서 이들의 자존심이기도 하다.

그리스도 예수 안에서 진정한 자유인이 되기를 바란다면, 이전 모습을 벗어버리고 새사람이 되어야 한다. 그런데 담배를 피우고 있는 한 이들은 계속해서 옛 모습을 상기시키고 무의식 속에서 더 이상의 변화를 거부하고 있는 것이다. 이렇게 선교회에서 가장 오래 생활한 리치가 담배를 물고 있으니 나머지 사람들도 부담 없이 함께 담배를 피우게 되고 모두 더 이상의 발전을 필요로 하지 않고 있다. 리치가 담배를 끊는다고 나머지 원생들이 따라한다는 보장은 없지만, 최소한 롤모델이 하나 보인다면 나머지 사람들도 다시 한번 생각할 수는 있을 것이다.

셋째, 모든 중독증에는 두 가지 측면이 있다. 육체적 중독과 심리적 중독이다. 이 부분에 관해서는 이 책을 마친 후 다음 작업에 집중적으로 다루려고 한다. 나는 여기서 영의 세계를 자세히 들여다보고자 한다. 리치가 담배를 놓지 못하는 이유가 여러 가지 있겠지만 이 중에 가장 큰 이유라면 두려움이다. 9살 때 호기심으로 아버지, 어머니, 할머니 담배를 훔쳐 시작하여 13살부터 흡연에 입문한 리치가 담배를 내려놓는다는 것은 리치가 누구인지 다시 정의해야 하는 심각한 일이다. 물론 관상동맥 우회로 수술을 받은 후 잠시 담배를 내려놨지만 그리 오래가지 못하였다. 담배 없이는 자기감정이나 분노를 조절할 수 없고 하루 생활이 너무 공허하여 나사 빠진 리치가 되었기 때문이다. 물론 이 같은 무력감은 매일 경험하던 니코틴의 향정신성 효과가 일상생활에서 빠져나갔기 때문이다.

니코틴의 효과는 다른 남용 약물들과 매우 유사하여 "니코틴이 뇌에 도달하면, 흡연자는 일종의 '도취감'이나 스트레스로부터의 해방감, 혹은 황홀감(euphoria)을 경험하게 된다."[24] 무뢰한 일상생활에서 이 해방감이나 황홀감 없이 어떻게 하루를 보낼 수 있을지 방황하다가 대부분 사람은 결국 며칠 내에 다시 담배를 찾게 되고 65%가 30일 이내에 금연을 중단한다고 한다. 단 2~3%만이 일 년 동안 금연을 지속할 수 있다고 한 조사에서 연구조사를 발표하였다.[25]

결국 담배는 물론 대부분 중독증이 5일에서 7일 이내에 금단증상이 끝나지만, 나머지는 심리전이고 마지막 부분이 영적인 전쟁이다. 리치와 마찬가지로 오랜 시간 동안 약물이나 생활 습관 그리고 생각에 갇혀있던 사람들에게 이들을 둘러싸고 있던 껍질을 벗겨내는 일은 자신의 존재에 대한 위협이고 이들이 살고 있던 안전한 환경을 파괴하는 무서운 행위다.

이런 관점에선 리치가 하나님을 믿는다고는 하지만 자신의 습관과 담배의 보호막 안에서 하나님도 차단하고 그 속에서 안주하고자 하는 영적인 반항행위로 볼 수 있다. 마치 시내 산에서 내려온 모세의 얼굴에서 광채가 날 때 이스라엘이 두려워하며 모세의 얼굴을 수건으로 가린 것처럼, 리치는 물론 많은 사람이 담배 연기에 가려서 하나님의 능력을 체험하지 못하

24　Concepts of Chemical Dependency 4th Edition, Harold E Doweiko (Brooks/Cole Publishing Company, 1999), p. 206
25　Ibid. p. 220

고 그 연기 속에서 담배나 그 외 생활 습관을 내려놓지 못하고 있다.

그런데 내가 이렇게 담배에 집중하고 있는 이유는 단지 리치를 돕고자 하는 게 아니다. 담배 연기에 갇혀있는 리치처럼 세상의 틀에 갇혀있는 교회를 보자는 것이다. 어려서부터 담배를 피운 리치처럼, 성공을 위해 체계적으로 길러진 사람들에게 벗어나지 못하는 틀이 있다. 바로 사람의 외형이 모든 것을 결정한다는 것이다. 특히 한국 사회에서 나타나는 외형 중심적인 생활과 사고가 교회에도 따라오는데 이 문화는 성도들은 물론 교회의 지도자인 목사에게도 적용된다.

얼마 전 뉴스에 떠오른 기사가 빠르게 인터넷에 퍼지는 사건이 있었다. 트럼프 대통령의 관세 전쟁에 대항하는 한 중국 회사에서 미국에서 $34,000달러에 판매되는 고가 가방(Louis Vuitton, Lululemon, and Birkin)을 단돈 $1,400달러에 구입할 수 있다고 틱톡에 올린 것이다. 과장된 장난인지 실제로 브랜드 이름값에 3만 달러를 지불하는 것인지 나로서는 알 수도 없고 궁금하지도 않지만 충분히 현실성이 있는 사건이라고 볼 수 있다. 왜냐하면 한국 사회에서 이미 충분히 간접적 경험을 하였기 때문이다.

한국 사회는 물론 미국에 있는 교포들 역시 브랜드 하나만으로 보통 상품보다 10배를 지불하는 사건을 종종 목격하기 때문이다. 지금은 폐업하였지만 뉴저지 부유한 한인 지역에서 선교회가 재활용 가게를 운영할 때 일이다. 누가 기부하였는지 무릎을 덮을만한 사이즈인 Hermes 이불을 가게에서 일하시던 직원이 알아보시고 깨끗이 세탁하여 $70불에 판매한 적이 있다. 만일 내가 그 이불을 보았다면 브랜드도 모르거니와 그냥 강아지가 덮는 이불로 $5불 정도에 팔았을 것이다. Hermes 홈페이지에서 비슷한

거룩한 도용   117

상품을 찾아보니 새것의 가격은 $650~1,995라고 하니 $70에 사신 분은 '땡' 잡은 날이다.

　이렇게 가끔 땡잡는 기쁨을 드리려고 노력했으나 기부받은 물건이니 깎아주는 게 당연하다고 고집하시는 한인 고객이 너무 많다 보니 결국 오픈한 지 이 년 만에 가게를 정리하게 되었다. 재활용 가게를 오픈한 목적은 수입을 창출하여 저소득층 이웃을 돕는 일에 사용하는 목적이 있는데 어지간히 팔아서는 가게 임대비와 인권비를 제외하고 나면 이윤은커녕 적자를 면치 못하였다. 물론 기부 물건의 질이나 다양한 상품이 부족한 것도 이유 중에 하나겠지만 고소득층 지역에서 가게를 찾는 분도 드물었고 그나마 오시는 분 중에 상당수가 물건 가격을 깎는 재미로 오시는 분이 많다 보니 결국은 가게를 정리하기로 한 것이다.

　잠깐 여기서 감사드려야 할 분이 계신다. 바로 클로스터 가게를 저렴하게 임대 해주시고 폐업할 때 역시 도와주신 Mr. Lee 사장님이시다. 우리가 가게를 정리할 때 새로 임대하는 가게가 여럿 있었는데 하루속히 빈 가게가 채워져서 앞으로 계획하시는 일들이 잘 진행될 수 있기를 기도드린다.

　이렇게 한인 사회가 브랜드에 열광하는 이유는 무엇일까? 바로 성공을 위하여 달려온 과정이 있기 때문일 것이다. 성공의 증거는 눈에 보이는 것이고 그중에서 가격이 높은 물건을 보유하는 것이 경쟁에서 승자로 입증하는 수단이 될 수 있기 때문이다. 이렇게 모두가 승자의 깃발을 차지하기 위해 치열하게 경쟁하다 보니 한국 사회는 세계와 경쟁할 수 있는 기술과 재원을 확보하게 되었다.

그런데 너무나 치열하게 경쟁하다가 간과한 것이 여기저기 발견된다. 그것은 이전 책에서 다룬 것처럼 높은 자살률이고, (무엇이 더 심각한 문제인지 견해 차이는 있지만) 또 다른 부작용은 인구 감소 현상이다. 몇 번이라도 반복해야 그 심각성을 우리가 인식할 것 같아 다시 강조하지만, 세상에서 가장 출산율이 낮은 나라가 대한민국이라는 불명예를 안게 된 것이다. 그 이유는 모두 다 알고 있는 것처럼 성공을 차지하기 위한 경쟁이 너무 치열하며 교육 지출 비용이 생활비에 비교하여 너무 높은 것이 첫 번째 이유다. 두 번째로 세대 간 가치관의 변화로 젊은 세대는 점점 더 자녀를 갖는 것보다 교육, 경력, 그리고 개인의 자유를 우선시하고 있기 때문이다.

나는 이러한 사회 구조와 생태 환경에 처한 교회가 마치 리치의 담배 연기처럼 진리와 차단되어있는 현상을 발견한다. 리치가 담배를 내려놓지 못하는 이유와 교회가 외형적 성장에서 바울의 신앙으로 변하지 못하는 이유가 같다고 보는 것이다. 그것은 바로 데마가 바울을 떠난 이유이기도 하다. 리치가 퇴원 후 3일 후 의사를 찾았고 앞으로 또 한 번 관상동맥 우회로 수술을 한다고 한다. 그래도 상태가 나아지지 않는다면 결국 심장마비로 사망한다고 의사가 통보하였다. 이렇게 몸이 서서히 죽어가는데 여전히 담배를 놓지 못한다니 나로서는 열화가 나지 않을 수 없다.

내가 보는 이 시대의 교회 역시 서서히 생명줄이 사라져가는 광경을 목격하는데 그 이유 중에 첫째는 "성공 신화"에 사로잡힌 네마와 같은 목사들이 교회를 관리하고 있기 때문이다. 이렇게 목자들이 성공을 추구할 수밖에 없는 이유는 이 같은 사회에서 목자들도 성장하였고 그 틀에서 벗어나는 것은 인간의 힘으로 불가능하기 때문이다. 그리고 목자들만 탓할 수 없는 이유는 성도들이 이런 목자를 원하기 때문이고 결국 배의 선장과 승객들이 한마음으로 성공을 향해 항해하고 있기 때문이다. 함께 그리스도 예수의 이름으로 이 세상에서 승자가 되어 천국을 소유한 주인이 되고자 하는 것이다. 이론적으로는 큰 문제가 없다. 성경이 이런 생각을 충분히 뒷받침하고 있기 때문이다.

그러나 이 과정에서 교회가 실패한 것이 있는데 첫째는 준비되지 않은 목자들이다. 약 13년 전 친구 목사가 뉴욕 대형 교회에 담임목사로 초빙되어 나도 덩달아 그 교회에서 진행하는 행사에 참석한 적이 있다. 교회라고 보기에는 너무 광대하여 큰 회사의 본체로 보이는 이 교회에서 50대 초반에 담임이 되는 일은 그리 흔한 일이 아니다. 그래서일까 부임한 목사는 많은 사람에게 사랑받고 존경을 받았다. 그러나 이 자리는 친구 목사가 오래 머물 곳이 아니었는지 담임으로 부임한 지 2년 만에 그는 사임했다. 물론 이 교회는 수년간 담임목사 선정을 위하여 수난을 겪은 과거도 있고 교회 내 알력 다툼으로 지역에 알려진 교회이다.

나는 여기에서 누구를 탓하자는 게 아니다. 교회도 친구 목사도 그리고 성도들도 다 피해자라는 것이다. 그들은 모두 다 준비되지 않았다. 교회는 준비되지 않은 채 몸통이 고속으로 성장하였고 그 안에 지도자들은 (큰 몸체를 운영할 재정이 있다고 한들) 그리스도의 몸을 섬기고자 하는 마음의 준비가 되지 않았다.

무엇보다도 수천 명의 성도에게 매 주일 인사를 받는 친구 목사의 마음에 고난과 수치를 감당할 준비가 없던 것이다. 그 뒤로 누가 담임이 되었는지 모르지만, 성장을 향해 전진하는 한국 교회가 왜 리치의 담배 연기에 갇혀있는지 이해하고 방향 설정을 고치기를 진심으로 바란다.

두 번째 실패 원인은 가장 소중한 것을 가장 소홀히 여긴 것이다. 성공을 향해 달려가는 사람들에게 가장 중요한 것은 추진력과 효율성이다. 어느 회사를 막론하고 추진력과 효율성을 따지지 않고는 성장할 수 없고 이 계산이 없이는 회사는 물론 비영리 단체도 생존하기 어려운 것이 현실이다. 하나 선교회는 비영리 단체이다. 하지만 재활용 가게를 운영하면서 이익을 남기려다 보니 갈등이 일어나기 시작했다. 노숙자들을 사회에 복귀시키기 위해 이 사업장에 투입하여 훈련장으로 사용하였고 정상 임금은 아니지만 최소한이 생활비를 보장해주려고 마련한 사업장이다.

그런데 대부분 노숙자가 공짜로 주는 밥과 사회 보장 제도에 익숙해져 있으니 일의 효율성과 추진력이 "0"에 근접한 것이다. 이렇게 최소한의 노력으로 최대한의 편한 생활을 하려는 원생들과 최소한의 지출로 최대한의 결과를 만들려는 매니지먼트(나 자신) 사이에서 갈등이 시작된 것이다. 물론 훈련이 목적인 것이 분명한 나에게는 이익을 창출하지 못하더라도 수입과 지출에 차이가 없는 것만으로 만족할 수 있었다.

하지만 그것은 나의 생각이고 원생들을 현장에서 지도하는 한인 직원들은 이들이 가게에 오는 날은 하루가 두 배로 고단한 날이 되는 것이다. 하나를 가르치면 열을 알아야 하는 한국인의 기준으로 이들은 하나를 가르치면 하나도 제대로 하지 못하기 때문이다. 물론 이 중에 얼마 전 세상을 떠난 진++빌과 현재노 선교회에서 생활하는 마그는 예외나. 둘 나 백인인네 이 친구들의 직업관은 한국인 못지않은 노장들이다. 그 외에 수십 명을 고용해 봤으나 모두가 다 일을 분담하는 것이 아니라 일을 시키는 자체가 일이 되는 경우가 대부분이었다.

이전 책에서 잠시 소개하였지만, 현재까지 일하고 계신 한인 장로님은 서울대 상대를 졸업하시고 평생 사업을 하신 분이다. 이렇게 효율성과 추진력으로 평생 갈고닦아온 자신의 경험을 이 사업장에서 사용하려고 하실 때 얼마나 힘드셨을지 독자들께서 상상해 보시기를 바란다.

내 속이 썩어서 이들과 함께 열매를 맺는 시간이 20년이 걸렸다면 장로님은 단 2년 만에 이 과정을 속성으로 감당하셔야 했다. 장로님을 알면 알수록 바울과 비슷한 점이 있는데 이 책의 소제목과 같이 '고지식'한 분이라는 것이다. 모든 일을 정확하게 계획하시고 추진하시는 힘이 있으시지만, 대인관계에서 약하신 면을 알게 되었다. 융통성이 없으시다 보니 사람들이 회피하는 경향이 있는데 이 점을 장로님께서 많이 보완하려 노력하시는 것을 목격하고 있다. 장로님을 사랑하는 마음을 담아 한 가지 더 부탁드리는 것은 장로님께서 사랑하시는 아내의 의견에 조금만 더 귀 기울여주시기를 바란다는 것이다. 그렇게 한다면 두 분의 모습이 더 아름다운 황혼이 될 거란 생각이 든다.

교회가 두 번째로 간과한 것은 세상에서 가장 귀한 한 영혼이 성공의 신화에 가로막혀 하나의 숫자로 간주 됐다는 사실이다. 추진력과 효율성은 숫자로 계산된다. 세상의 모든 시스템이 숫자로 정리되는 이유도 숫자가 가장 정확하고 빠르고 높은 효율성이 있기 때문이다. 그 안에서 운영되는 교회 역시 이 개념이 유지되는데 목회의 성공이 바로 숫자에 달려있기 때문이다.

교회가 성장하는데 걸린 연수와 참석 인원수, 교회 평수와 헌금 액수와 목회자 연봉 액수 등 모든 것이 숫자로 계산된다. 세상이 이렇게 숫자 놀음

하는데 교회까지 그 숫자로 계산해야만 하는 것일까? 교회만은 숫자와 상관없이 세상 말로 좀 멍청해지면 안 되는 것일까? 세상은 절대로 멍청한 사람을 수용하지 않는다. 영리한 사람을 원하고 영리한 사람 주변을 서성이며 이들의 행동에 따라 지표를 정하고 따라간다. 이런 사람이 사회의 지도자가 되고 회사 사장과 운영진이 되어 많은 사람이 혜택을 받기도 한다.

하지만 영리한 사람이 교회의 지도자가 될 때 교회(단체)가 성장할 수는 있지만 결국 그 효율성과 추진력이 한 영혼의 고귀함을 잃게 하고 결국은 목적을 상실한 교회가 되는 것이다. 그래서일까 바울은 한 교회의 지도자가 될 수 없었다. 많은 사람이 바울이 더 오래 있기를 청하였으나 바울은 효율성보다 주님이 명하신 잃어버린 양을 찾는 게 목적이었기 때문이다(로마서 15).

> 20 또 내가 그리스도의 이름을 부르는 곳에는 복음을 전하지 않기를 힘썼노니 이는 남의 터 위에 건축하지 아니하려 함이라
> 21 기록된 바 주의 소식을 받지 못한 자들이 볼 것이요 듣지 못한 자들이 깨달으리라 함과 같으니라

물론 에베소에서 2~3년, 고린도에서 18개월 강의하고 전도한 기록이 있지만, 이 외에는 계속해서 복음이 전해지지 않은 곳을 찾아다닌 것이다. 만일 바울이 이 시대에 존재하였다면 어떤 현상이 일어났을까 상상해 보았다. 일단 유튜브 개정을 오픈하고 시간별로 초급, 중급, 고급 성경 강의 시간을 구성하고 매일 프로그램과 주일 프로그램 등 많은 시간을 가르치는 데 사용할 것이다. 그러면 당연히 유튜브 수입과 함께 성도들이 원근 각처에서 후원금을 보낼 것이고 상대적으로 '데마 교회'가 줄어들어 기독교의

인지도가 다시 한번 상승하지 않을까?

하지만 이것은 착각이다. 예수를 넘어뜨리려던 자가 지금도 여전히 활동하고 있기 때문이다. 사람이 너무 연약하여 이만한 재물과 영광에 넘어지지 않을 수 없는 것이다. 그게 미국 메가 교회와 한국의 대형 교회가 가지고 있는 허점이고 담배 연기에 갇혀있는 실정이다.

사도 바울도 넘어져야 당연한 인기를 가진 셀럽이었다. 어디를 가던 바울에게 배우고자 하는 사람들이 있었고 그 인기가 대단하여 고린도 교인들이 '바울파'를 이루어 아폴로파와 베드로파에게 협공을 당하고 있었다(고전 1:10-13). 이 분위기는 사람이 있는 곳에는 어디에도 나타나는 현상이다. 그렇기에 바울에게 주신 남다른 육체의 고통이 있었고 그것은 나중에 살펴보도록 하겠다.

그전에 이렇게 성공의 목적을 가지고 탑승한 승객과 이 배를 항해하는 목회자가 어떻게 담배(성공)의 연기에서 벗어날 수 있을까? 내 생각이 옳다고 장담할 수는 없지만 가장 먼저 해야 할 일이 효율성을 낮추는 일이다. 미리 공표하지만, 효율성이 떨어지면 교인도 줄고, 헌금도 줄고 다 줄어들 수밖에 없다.

하지만 효율성을 유지하며 교회의 목적인 영혼 구원을 실천하고자 한다면 이것이야말로 능지처참의 결말이 될 것이라고 나는 생각한다. 왜냐하면 내가 하는 사역(목회)의 경우로 보아 두 마리 토끼를 다 잡을 수 없는 것을 보았기 때문이다. 일반 목회와 다른 형태지만 결국 사람을 상대하는 일은 하나님 앞에서 일치한다고 볼 수 있다.

뉴저지 뉴욕의 몇몇 교회를 방문해봤지만 대부분 빡빡한 일정을 지니고 있다. 단기선교, 부흥회, 전도대회, 기관별 행사 등 많은 행사를 준비하고 예산을 만들어 집행하고 있다. 물론 사람이 모인 곳이니 준비도 필요하고 행사에 필요한 예산도 필요하지만 이렇게 바쁘게 움직이는 목적 중 하나는 함께 앞으로 나가는 것이다. 전도와 선교를 위해, 영적 양적 성장을 위해 대부분 교회가 목표를 세워놓고 그 목적을 향해 순서대로 일 년 행사를 진행한다.

그런데 여기에서 목자가 관심을 가지는 대상이 순서대로 잘 따라오는 양인지 뒤처지는 양인지에 따라 교회의 방향이 달라진다. 회사도 교회도 앞으로 나가기 위해서는 인재를 잘 영입해야 한다. 인재가 곧 회사의 미래이기 때문이다. 교회 역시 성장(성공)하는 교회가 되기 위해서는 인재를 잘 영입해야 하는데 이들의 대부분은 행사를 잘 따라오는 자들이고 행사의 리더들이다.

반면에 뒤처지는 양들을 따라다니는 목자는 만년 고단한 일이고 교계에서는 실패한 목회자로 보여질 수 있다. 아무리 시간이 지나도 숫자는 같거나 줄어들 수 있는 '위험한' 목자가 되는 것이다. 물론 내가 하는 일은 뒤처진 양을 찾는 일이고 이 중에는 늑대들의 먹거리가 된 양을 구출하는 일이다. 매일 한 마리 양을 살리기 위해서 고군분투하는 일은 피곤한 일이고 효율적인 측면에서는 꽝이다. 하지만 한 영혼의 값어치는 우주와 비교할 수 있기에 한 영혼을 위하여 내 영혼을 다 바쳤다면 나는 세상을 다 가진 자라고 믿고 있다.

많은 교회가 자체 건물을 소유하게 되거나 교인의 숫자가 늘어나면 반드시 이행하는 다음 단계는 '고용'이다. 그러지 않고서는 더 이상 숫자상으로 증가할 수 없기 때문이다. 물론 사역을 분담하는 일은 훌륭한 일이고 성경적인 일이다. 하지만 여기에도 많은 함정이 도사리고 있다. 첫째는 아무리 부목사나 AI가 도와준다 해도 목자와 양의 관계가 시간과 공간의 제한을 받게 된다는 것이다.

그래서 이 지점이 분기점이고 여기에서 배의 선장이 '성장'으로 배를 몰 것인지 아니면 '영혼'의 관계에만 집중할 것인지 정하게 된다. 한 목사로서 안타까운 것은 대부분 목자가 알게 모르게 '성장'으로 배를 몰게 되고 이 와중에 많은 양이 떨어져 나가기도 하고 잘 따라가는 '우수한 양'들은 '성공'으로 가는 배가 '천국'으로 가는 배인 줄 착각에 빠진다는 것이다.

또 다른 함정은 회사에 안착한 직원의 갈등이다. 대부분 신학생은 학업을 하는 동안 교회에서 사례비나 학비를 지원받게 되고 안수를 받은 후에는 부목사나 교육 목사로 풀타임 대우를 받게 된다. 물론 일하는 동안 '보수'를 받는 일은 당연한 일이다. 그러나 교회에서 생활비와 건강보험 등 혜택을 받다 보면 좋든 싫든 생활이 보장되어 있기에 아내와 자식이 생기고 아이들이 자라나다 보면 이 혜택에서 벗어날 용기를 상실하게 된다. '부름 받아 나선 이 몸' 어디든지 가겠다고 서원하였지만 평범한 생활과 안정된 직장에서 벗어나기가 어렵게 된 것이다.

한 교회에서 수십 년 부목사로 봉사하신 분이 잘못하셨다는 것은 아니다. 구멍가게 사장도 사장인데 남 밑에서 수십 년을 봉사하신 분께 나는 존경을 표하는 바이다. 다만 바라길, 나이가 들어 아내와 자식이 딸리기 전에 목사로 헌신을 받았다면 일을 저질러 보시라고 젊은 목회자들에게 도전을 격려하고 싶다. 내가 어디서 한 끼를 해결하고 어디에서 잠을 청할 것인가 고민하지 말고 말씀에 의지하여 믿음의 발길을 옮겨보라고 요청하는 것이다.

또 한 가지 전도사에서 부목사로 그리고 담임 목사로 옮겨가는 과정에서 빼먹는 것이 있다. 한국의 사회 구조와 인식의 차이에서 비롯된 것인지는 모르겠지만 이전에는 목사가 일반 직종에서 일하는 모습을 달가워하지 않는 경향이 있었다. 하지만 이 과정이 얼마나 귀한 경험인지 교역자들이 체험해 보시기를 바린다. 노동의 피곤함도 알아야 하지만 일반인들의 생활이 얼마나 힘든지 그리고 이렇게 힘들게 모은 돈을 교회에 드리는 성도의 마음을 조금이나마 이해한다면 성도를 사랑하는 마음이 더 커지게 될 것이다.

이 외에 교회가 커지면서 따라오는 가장 큰 위험은 목자가 양을 위에서 내려다본다는 것이다. 물론 대부분 문화 공연과 대중 강연은 무대가 위에 있는 것은 당연한 일이지만 교회만큼은 무대를 대중과 같은 높이에 두던지 더 낮은 곳에 둔다면 좋을듯하다. 물론 관중의 위치를 무대보다 높게 하기 위해서는 더 많은 시공비가 들것 같지만, 목자가 낮은 자리에 있다면 자기 영혼을 보존하는 데 큰 도움이 될 것이다.

많지는 않아도 선교회 사역을 하며 방문한 교회가 다수 있다. 내가 사람을 얼마나 정확하게 판단하는지는 하나님만 아시겠지만 대부분 대형 교회 목사는 사람을 하대하는 것을 느꼈다. 내가 나이가 당신보다 젊어서인지 아니면 내가 후원을 받는 기관이라서인지 대부분 목사에게서 느낀 내 경험은 그냥 지나치는 인연 정도였다. 사람과 사람이 눈을 마주치고 서로를 알고자 하는 시간적 여유가 없는 것이 느껴졌다. 아마도 효율성을 높이기 위해 바쁜 하루를 쪼개서 나를 만나고 있기 때문이리라.

결국 대부분 경우 나와 선교회는 교회의 행사를 위해 동원된 일종의 상품이었고 그 목적을 달성한 후 교회는 교회대로 나는 나대로 각자의 길을 가는 것이다. 옷깃만 스쳐도 인연이라는 말은 더 이상 사용할 가치가 없는 듯하다. 그리스도 안에서 하나가 아니라 남이 된 느낌이랄까.

딸아이가 어릴 적에 귓구멍에 무언가를 집어넣어 이비인후과를 찾은 적이 있다. 성형수술을 집도하는 의사였고 당시 뉴저지에서 꽤 잘나가는 의사 중 한 사람이었다. 나이는 나와 비슷해 보였지만 아이들 살펴보다가 아이 관리를 소홀히 하였다고 꾸중하는데 나는 속으로 '어쭈' 하면서 반발한 기억이 있다. 우스갯소리다. 아이와 함께 오가는 '고객'을 지켜보다가 그때 간호사와 데스크 직원이 성형에 관한 자기 목사님의 생각을 말하며 시대를 읽지 못하는 구식 목사님을 흉보는 소리를 듣게 되었다. 그때가 약 25년 전이다. 그로부터 많은 시간이 흐른 지금 성형에 관한 의견도 많이 변했고 수술 방법도 많이 발전하였다.

그런데 그때나 지금이나 똑같은 구조가 있는데 고객(환자)들을 몇 개의 방에 대기시키고 의사는 매 15분, 30분 간격으로 방을 옮겨가며 환자를 본다는 것이다. 역시 효율적이다. 그런데 교회가 성장하고 고객(성도) 숫자가 많아지면, 교회 프로그램이 다양해지면 목자도 이렇게 바쁘게 옮겨 다녀야 하는데 과연 누구를 위해서 이렇게 바쁘게 움직이는 것인가 생각해 보아야 할 것이다.

예수께서 목자들에게 더 많은 양을 효율적으로 먹이라고 하신 적은 없다. 바울도 더 많은 사람을 모아 지도자가 되려 한 것은 아니다. 물론 하루 종일 일한 사람들이 지쳐서 바울의 설교를 듣다가 2층에서 떨어진 사건이 있지만 이 역시 교회 성장이 목적은 아니었다. 더 큰 교회는 성공의 일종이고 사회적 위치를 세우는 수단일 뿐이다.

　얼마 전 뉴스에서 정치인들이 한국의 대형 교회 목사를 만나는 사진을 본 적이 있다. 윤 전 대통령이 탄핵받은 후 대선에 뛰어들기 위해 준비하는 과정에서 대형 교회의 지원 사격을 바라본 것이다. 이만큼 대형 교회의 위치가 나라의 왕들과 겨루게 된 것은, 다시 로마교회로 돌아가는 현상이고 그 안에서 타락한 종교 지도자들처럼 이 시대의 교회가 타락으로 달려가게 된 것이다. 바라건대 더 이상 효율성과 추진력을 중시하기보다 한 영혼을 보듬고 작은 무리의 양들과 함께 그리스도의 모습을 닮아가는 작은 교회들이 더 많이 나오기를.

바울의 고민

오늘날 교회가 세속화된 이유 중에 가장 큰 이유라면 '정상'적인 목회자가 대부분이기 때문이다. 정상적인 가정환경에서 정상적인 교육을 받고 정상적인 과정을 통하여 목사가 되었기 때문이다. 이런 이유로 인해 반사 이익을 얻는 단체들이 있는데 바로 이단들이다. 정상적인 교회는 너무 진부해서 눈에 띄는 깜짝 종교를 찾게 된다. 왜냐하면 덥지도 차갑지도 않은 교회보다 화끈한 이단 종교가 더 살아있는 것처럼 보이기 때문이다. 이에 질세라 정상적인 목회자들도 수단과 방법을 가리지 않고 교인을 빼앗기지 않기 위해 시대에 어울리는 찬양 집회와 인기 연예인들을 동원하여 교인 모으기에 노력한다.

하지만 아무리 노력해도 그 나물에 그 밥이다. 왜냐하면 정상적인 사람은 비정상인처럼, 다시 말해 미친 사람처럼 행동할 수 없기 때문이다. 바울이 이렇게까지 고난과 수모를 받으며 우리에게 서신과 신앙 논리를 전할 수 있었던 이유가 바로 '비정상'(미친) 사람이었기 때문이다. 그리고 바울의 뒤를 이어 신앙을 고수하고 전수한 사람들도 다 미친 사람들이다. 왜냐하면 정상적인 사람은 오른쪽 뺨을 맞고 왼쪽 뺨을 돌릴 수 없기 때문이다.

다시 말해서 예수를 따르는 것이 미치지 않고서는 불가능한 일이다. 성도들을 인도하려면 이렇게 미친 지도자가 있어야 하는데 대부분 목사가 정상인이다 보니 성도들의 삶에 더 이상 도전이 없는 것이다. 물론 강대상에서 논리에 맞는 성경 말씀을 읽는다고 해도 바울처럼 성령의 능력을 보일 수가 없다.

> "내 말과 내 전도함이 설득력 있는 지혜의 말로 하지 아니하고 다만 성령의 나타나심과 능력으로 하여."(고린도전서 2:4)

그럼 얼마나 미쳐야 비정상인이 될 수 있을까? 얼마나 진리에 미쳐야만 바울처럼 성령의 나타나심과 능력을 체험할 수 있을까? 바울은 이렇게 고백하였다.

> 23 내가 그 둘 사이에 끼었으니 차라리 세상을 떠나서 그리스도와 함께 있는 것이 훨씬 더 좋은 일이라 그렇게 하고 싶으나
> 24 내가 육신으로 있는 것이 너희를 위하여 더 유익하리라(빌 1).

나는 바울의 고백에서 두 가지 면을 본다. 첫째는 부활의 완성을 간절히 바라는 마음이다. 내가 쓴 첫 번째 책,《하늘에서 본 세상 땅에서 본 세상》에서 믿음의 목적은 천국이 아니라고 강조하였다. 지금도 그 생각은 변함이 없다. 왜냐하면 예수를 통하여 새로운 세상을 맛본 우리에게 구원과 천국보다 더 사모하는 것이 있는데 그것은 완전한 상태이고 '신'의 성품에 참여하는 것이다(벧후 1:4). 우리가 가지고 있는 지식이 너무 작고 생각하는 범위와 구조가 너무 왜소하기에 완전한 그 상태를 애타게 기다리는 것이다. 우리만 절박한 것이 아니다. 모든 피조물이 함께 고통을 겪고 있기에 사람과 함께 이 부패한, 썩어질 세상에서 벗어나기를 소망하는 것이다.

> 21 그 바라는 것은 피조물도 썩어짐의 종노릇 한 데서 해방되어 하나님의 자녀들

> 영광의 자유에 이르는 것이니라.
> 22 피조물이 다 이제까지 함께 탄식하며 함께 고통을 겪고 있는 것을 우리가 아느니라(롬 8).

그리고 피곤한 몸과 마음을 거두고 싶었던 바울의 또 다른 마음을 읽게 된다. 그럴 수밖에 없는 이유가 여럿 있는데, 첫째는 피곤한 심신을 다독여 줄 따뜻한 손길이 없었고 둘째는 누울 자리가 확실하지 않고 셋째는 아무리 가르쳐도 여전히 젖을 먹여야 하는 성도가 있었고 넷째는 사춘기도 지나지 않은 성도들이 다 컸다고 선생을 멸시하였고 다섯째는 동쪽에서 맞고 서쪽에서 감옥에 갇히고 여섯째는… 계속해서 생각나는 대로 쓸 수 있지만 이쯤에서 정리하려 한다.

그중에 또 다른 고난이라고 한다면 자기 눈에 있는 가시다. 이쯤 되면 살고자 하는 생각과 죽음 사이에서 어느 쪽이 더 강해질까? 내가 바울의 생각을 다 알 수는 없지만, 나의 경우를 비추어 볼 때 나는 가고자 하는 생각이 더욱 강한 사람이다. 바울의 고난과 비교할 정도는 아니지만 아무리 퍼주어도 계속 달라고만 하는 노숙자들과 마약 중독자들을 위해 내가 할 수 있는 일이 더 이상 없기 때문이기도 하고 내 몸에 들어있는 인공 고관절이 가끔 나를 괴롭히기 때문이다.

그리고 또 하나 심적으로 고단한 것은 100년이 넘은 목조 아파트에 나 외에 다른 입주자가 있는데 바로 부엌 바닥에서 둥지를 튼 너구리 가족이다. 이 녀석들이 대변을 밖에서 보지 않고 침실에서 보는 것인지 아니면 밖에서 가져온 음식이 썩어서인지 이놈들이 가져오는 냄새가 후각뿐만 아니라 머리까지 아프게 하는데 하루속히 아파트가 부서지기를 고대하고 있다.

나는 이 세상에서 가장 아름다운 것도 가장 맛있는 것도, 멋있는 것도, 하나도 부러운 게 없다. 사람의 고통을 너무 많이 보았기 때문인지 내가 바라는 것은 아픈 사람, 슬픈 사람, 외로운 사람들에게 하나님의 사랑을 전하고 그들과 함께 완전한 하나님의 나라에 가는 것이 소망이다.

그래서 오늘이라도 주님이 부르시면 가려고 한다. 그래서 생각한 것이 아마존에서 DNR(Do Not Resuscitate 심폐소생술 금지) 팔지를 검색해 보았다. 가격은 $10불대인데 이 팔지 하나로 응급조치를 금할 수 있는지는 더 연구해 보아야겠다. 나는 이 삶이 두려운 것이 아니고 도피하고자 하는 것이 아니다. 더 완전한 세상을 추구하다 보니 미숙한 이 땅의 모든 것이 하찮아 보이기 때문이다.

예수께서 제자들에게 하신 말씀 중에 우리가 버려야 할 것들을 알려주셨다.

> "누구든지 나를 따라오려거든 자기를 부인하고 자기 십자가를 지고 나를 따를 것이니라. 누구든지 제 목숨을 구원하고자 하면 잃을 것이요 누구든지 나를 위하여 제 목숨을 잃으면 찾으리라. 사람이 만일 온 천하를 얻고도 제 목숨을 잃으면 무엇이 유익하리요 사람이 무엇을 주고 제 목숨과 바꾸겠느냐(마태 16:24-26).

자기를 부인하고 자기 십자가를 진다는 것에 대한 설교는 인터넷을 살펴보면 무수히 많다. 문제는 어디까지 나를 거부해야 하는지 주님께서 표시하는 것을 깜빡하셨다는 것이다. 그래서 어떤 사람은 명품을 거부하는 결단이 자기를 부인하는 것으로 받아들였고 다른 사람은 즐기는 와인이나 게임을 중단하는 것을 십자가로 이해하였다. 물론 관주에 따르면 개인의 욕망, 낙, 유흥, 세상에 속한 대부분 기쁨이 이 속에 포함된다.

더 나가서 십자가를 지는 것은 한마디로 죽음을 각오하라는 말인데 '왼뺨을 돌리라면 돌리겠지만 죽으라는 소리만은 하지 마십시오.'하며 대부분 교인은 예수께 항의하려고 할 것이다. 이 말은 리치가 담배를 끊지 못하는 이유와 여전히 똑같은 소리다. 정상인들은 모두 똑같은 이유를 대며 나는 예수를 믿지만 내가 할 수 있는 범위는 여기까지라고 단호하게 주장하는 것이다. 많은 교회가 세상에 휩쓸려 가는 이유도 똑같은 까닭이다. 정상적인 목회자가 교회를 이끌어가다 보니 사람의 정상적 범위 내에서 벗어나지 못하는 것이다. 정상적인 사고는 사람이 이해할 수 있는 범위 안에 있고 그 밖에 세계를 모험이라고 한다. 물론 사람들은 모험을 좋아하지만, 그 역시 정신적 육체적 그리고 자본이 갖추어질 때 감행할 수 있다.

다시 말해서 이성적인 사고 안에서 이루어지기 때문에 모험을 혐오하는 사람에게는 미친 짓이라고 할 수 있다. 그런데 믿음의 세계는 모험보다 더 위험한 도발적 행위다. 아브라함이 이삭을 죽이려는 행동이 이 중 하나의 예이다. 한마디로 정상적인 사람에게 이 같은 행동은 미친 짓이다. 하나님을 믿는다고는 하지만 일상생활이나 활동 범위가 정상적인 사람의 범위 안에 있기에 교회가 어느새 하나의 문화공간이 되었고 그냥 습관처럼 성전 뜰만 왔다 갔다 하면서 밟고 있다. 이 같은 고리타분한 믿음 생활에 예수께서 경고하신 걸 다들 알고 있을 것이다.

> "내가 네 행위를 아노니 네가 차지도 아니하고 더웁지도 아니하도다 네가 차든지 더웁든지 하기를 원하노라. 네가 이같이 미지근하여 더웁지도 아니하고 차지도 아니하니 내 입에서 너를 토하여 내치리라."(계3:15,16)

그런데 덥지도 차갑지도 않은 라오디게아 교회가 늘어놓는 변명을 볼 때

이 시대의 교회가 하는 말이 아닌가 생각하게 된다. "나는 부자라 부요하여 부족한 것이 없다." 한국은 물론 미국의 대형교회는 과연 부자라고 할 수 있다. 특히 서울에 있는 교회를 검색해 보니 800억~3000억 등 억 소리 나는 부자들이다. 당연히 "나는 부족한 것이 없다."라고 할 것 같다. 이 같은 대답에 주님의 사자는 이렇게 처방전을 주신다.

> "네 곤고한 것과 가련한 것과 가난한 것과 눈먼 것과 벌거벗은 것을 알지 못하는도다 내가 너를 권하노니 내게서 불로 연단한 금을 사서 부요하게 하고 흰 옷을 사서 입어 벌거벗은 수치를 보이지 않게 하고 안약을 사서 눈에 발라 보게 하라."(계 3:17,18)

나는 제일 확실하고 정확한 처방전을 리치에게 주었다. 담배를 끊으라는 것이 바로 그것이었다. 리치가 담배를 끊고 말고는 리치의 선택이다. 마찬가지로 라오디게아 교회가 주의 사자의 처방전을 받아들일지 말지는 그들의 선택이다.

이 시대의 교회도 마찬가지다. 예수께서 자기를 따라오려거든 이렇게 하라고 하셨지만 요구 사항이 너무 극단적이다 보니 주저하는 사람이 대부분이다. 특히 정상적인 목자들이 극도의 고난이나 너무 위험한 행동을 주저하기 때문에 교회가 세상의 빛이 되기에는 이미 늦은듯하다. 소망이 없다는 것은 아니지만 교회가 지닌 빛보다 어둠의 그림자가 너무 커서 세상을 변화시킬 힘이 더 이상 없다는 것이다.

그럼에도 불구하고 세상에 작은 빛은 아직 많이 있다. 보이지 않는 곳에서 그리스도의 사랑을 실천하는 작은 예수들이 많이 있기 때문이다. 안타까운 것은 이 작은 예수를 볼 수 있는 사람의 숫자는 너무 적고 세상을 어지럽히는 교회는 너무 쉽게 눈에 띄기 때문에 사람들의 시선이 모두 데마의 교회만 바라보는 것이 세상 그리고 교회의 주인이신 그리스도 예수께 죄송할 뿐이다.

선교회에서 나에게 가장 큰 깨우침을 준 사람은 40대 중반 백인 여성이다. 이전 책에서 이미 소개한 인물인데 내가 노숙자들에게 설교하고 있을 때 네가 뭔데 우리를 판단하느냐고 고함을 치며 한바탕 소동을 피운 사람이다. 나는 그날 이후 많은 것을 깨달았고 그날 이후 좋든 싫든 이 여성은 나에게 은인이 되었다. 그리고 그때부터 줄곧 잠깐 나를 비방한 적이 있지만, 계속해서 주일 예배와 아침 성경 공부 시간에 참여하고 있다.

물론 아직도 약을 하고 있다. 이 여성이 약을 하는 이유는 단순하다. 삶이 너무 재미가 없기 때문이다. 이분이 즐기는 것은 요란한 싸움과 고비가 풀릴 때까지 술을 마시는 일이다. 그러다가 약도 시작하게 되었고 인생을 사는 이유는 재미를 찾기 위해서라고 자신만의 철학도 가지고 있다. 나는 아직 잘 모른다. 내가 살아있을 동안에 이 자매가 주님께 그 재미를 내려놓을 수 있을지.

이분의 문제는 참 다양하다. 습관성 약물 복용은 빙산의 일각이다. 몸은 40대 중반인데 정신은 국민학교 6학년 수준이다. 그래서인지 하는 짓이 귀여운 때가 많다. 선교회에서 잠은 자지 않지만, 나머지 생활은 대부분 선교회와 같이하고 있다. 그렇게 5년이란 시간이 지나 미운 정 고운 정 다 들어서 어느덧 딸 아이가 하나 더 는 것이다.

거친 언행에 냄새나는 옷을 풀럭이며 선교회를 휩쓸고 다니는 아주머니가 가끔 쓸만한 일을 할 때도 있다. 선교회에서 문제가 일어날 때 닭싸움하듯이 주저 없이 나서는 것이다. 혹시라도 내가 설교하는데 조금이라도 잡담하는 사람이 있으면 "야 조용해."라며 큰소리로 고함지르다 보니 둘 중에 누가 더 내 설교에 끼어드는지 다시 질문하게 되는 경우가 종종 있다. 나는 하루하루 이분들을 위해 기도하며 너무 늦기 전에 이들이 가지고 있는 '재미'를 내려놓고 하나님께 온전히 나오기를 바라며 이 사역을 하고 있다.

나는 약쟁이들이 가지고 있는 재미와 일반 사람들이 즐기는 재미가 다르다고 생각하지 않는다. 골프를 치는 사람도 재미가 있어서 즐기는 것이고 음악을 하는 사람도 나름대로 재미가 있어서 전문가로 일하기도 한다. 학문을 하는 사람도 어느 면에선 재미가 있다고 할 수 있고 세상 모든 사람이 재미가 있기에 밥도 먹고 놀러 다니는 것이다. 물론 재미가 없어도 살아가야 한다는 이유로 하는 일도 많이 있다. 재미로만 살 수는 없기 때문이다. 하지만 모두 다 돈을 모으고 싶어 한다. 가능하면 힘든 노동은 하지 않고 돈을 굴리거나 특별한 재주를 사용하여 돈을 불리고 싶어 한다. 왜냐하면 싫은 일은 하지 않고 재미있는 일만 하고 싶기 때문이다.

유튜버들이 돈을 버는 이유도 마찬가지다. 재미있는 일을 하며 돈을 벌 수 있다는 생각에 모두 뛰어드는 것이다. 물론 생활 수준은 차이가 나지만 길에서 자면서 재미있게 사는 이분들과 호화로운 집에서 잠자고 재미있는 것을 찾는 부자들과 삶의 목적은 같은 것이다. 내가 이 딸에게 바라는 것은 지금 즐기고 있는 이것들이 얼마나 자신을 망가뜨리는지 아는 것이고 그것을 깨달을 때까지 옆에서 지켜주는 것이다. 아직까진 아무런 변화는 없지만 계속해서 말씀을 듣는다는데 희망을 걸고 둘 중 하나가 죽을 때까지 나는 이분을 위해 노력할 것이다.

목자는 양을 위해 살아야 한다. 그 일을 위하여 부름에 응하였으니 예수께서 베드로에게 말씀하신 것처럼 우리는 양을 먹이기 위해 살아야 한다. 그러기 위해서는 우리가 재미로 하는 모든 것과 이 땅에서 낙으로 삼은 모든 것을 내려놓아야 한다. 그리고 바울처럼 우리는 이 땅에 거하기보다 하늘나라에 가는 것을 소망해야 한다. 물론 이 땅에 아내와 자식이 있고 친구와 사랑하는 많은 사람이 있지만, 이 모든 것을 내려놓고 떠날 준비가 되어 있어야 한다(마태 10:37-39).

많은 교회가 무능하고 연약한 이유는 바울처럼 떠날 준비가 없는 목자들이 많이 있기 때문이다. 이 땅에 아직 미련이 남아있고 무언가를 더 가지려고, 이루려고 하다가 그만 올무에 걸리게 되는 것이다. 바울은 자신은 가고 싶은데 아직 갈 수 없다는 게 고민이었다. 반면에 이 땅에 좋은 것이 많은 교회 목사나 교인들은 갈 생각을 하지 않는다. 혹시라도 먼저 부르실까 조바심을 내며 조금이라도 더 오래 사실 생각에 몸에 좋은 것을 골라 먹는 실정이다.

건강한 몸을 유지하는 일은 나 역시 관심이 있다. 왜냐하면 아직 주님께서 주신 양들이 말을 듣지 않고 스스로를 위험한 상태로 몰아내어 죽임을 당하고 있기 때문이다. 하지만 오래 살기 위해서 노력하는 것은 아니다. 하나님이 부르실 때를 기다리며 하루에 최선을 드리는 것이다.

나는 이 시대의 목자들이 비정상적인 사람들이 되기를 바란다. 세상이 볼 때, 미치지 않고서는 할 수 없는 사랑과 희생을 감당하기를 바란다. 멋진 예배당에서 화려한 조명에 장엄한 찬양이 울려 퍼지는 보통 교회가 아니라 마음이 가난한 자 심령이 가난한 자들이 되어 이웃을 섬기기 위해 만들어진 교회가 많이 탄생 되어야 한다. 그러기 위해서는 제정신이 아닌 목사, 속된 말로 멍청한 목사가 더 배출되어야 한다.

이장 : 교회의 재정립
교회의 구조

　AI와 가상화폐가 세상을 요동치게 하는가 싶더니 백악관과 행정부가 이에 동참하여 제2차 세계대전 이후 가장 큰 지각변동을 일으키고 있다. 이에 대응하여 돈의 흐름을 연구하는 직업이 다시 한번 세상의 주목을 받게 되고 유튜브와 인터넷을 통하여 돈의 비밀이 만인에게 공개되는 세상이 되었다. 세상은 더 이상 사상이나 이성, 종교의 힘에 의하여 사람을 끌어모으는 힘을 상실한 세대가 된 것이다.

　그동안 돈을 굴리는 비밀과 힘이 사회의 극소수 권력층에 집결되었는데 이제는 모두가 그 정보를 입수할 수 있는 길을 찾게 되었고 그만큼 더 많은 사람이 이 경기에 뛰어든 것이다. 이런 환경을 잘 증명하는 것이 종교의 쇠퇴 현상이다. 2024년 2월 3일 인터넷 뉴스 기사에 이 사실을 잘 보여주는 통계가 있다.

　1988년 조사 이후 다음과 같이 감소하는 종교인구 통계에서 나타난다. 한 통계에서 보면 불교 23.5%→16.3%, 개신교 20.7%→15%, 타 종교인 불교도 조계종 출가자가 12년 새 79% 감소하고 천주교 성직자도 10년 새 36%로 하락 추세라는 통계다.[26]

26　http://m.pck-goodnews.com/news/articleView.html?idxno=4676

이에 관한 많은 연구가 필요하고 교회와 신학교가 함께 노력해야 한다는 기사가 여러 종교 신문에 재기 되었고 이와 관련하여 한국 기독 공보는 다음과 같은 기독교의 미래를 예상하며 경종을 울리고 있다.

더 중요한 것은 **추락한 교회의 위상을** 바로 세우는 일이다. 본 교단 교세는 8년째 계속 하락해 지난해 230만 2,682명을 기록했다. 가장 교세가 많았을 때와 비교하면 51만 명이 줄어든 것이다. 지난해 10월 열린 미래목회포럼에선 10년 뒤 개신교인 비율이 국민의 10% 미만일 수도 있다는 분석이 나오기도 했다. 2012년 22.5%에서 2022년 15%로 감소했고, 10년 후인 2032년엔 **10% 수준으로** 추락할 수 있다는 것이다.[27]

그런데 나는 이 현상을 불행한 현실이기도 하지만 오히려 다행으로 보고 있다. 왜냐하면 교회에서 복을 찾던 사람들이 유튜버들에게 복 받는 비결을 문의하러 교회를 떠나고 있기 때문이다. **추락한 교회의 위상을** 다시 세울 기회가 온 것이다. 내가 생각하는 교회의 위상은 내가 죽음으로 이웃이 살아날 때 비로소 다시 교회의 가치와 의미가 되살아 나는 것이라 믿는다. 사도 바울 시대와 마찬가지로 자기를 살리는 데마의 교회가 이 시대에도 역시 많기에 교회가 사라지는 것에 그리 아쉬워할 필요가 없다고 생각한다. 이기적인 생각이라고 말할 수 있지만, 천국은 모두를 위한 자리가 아니다. 기독 공보에서 예상하는 2032년 기독교 인구가 국민의 10% 미만이라면 이 중에서 다시 10%, 그러니까 국민의 1% 가 천국을 소유하는 백성이 될 수도 있다는 것이다. 예수께서 하신 말씀 중에 천국은 침노하는 자의 것이라는 구절이 있다.

---

27 https://www.pckworld.com/article.php?aid=10122490868

> 세례 요한의 때부터 지금까지 천국은 침노를 당하나니 침노하는 자는 빼앗
> 느니라(마태 11:12).

이 말씀은 돈을 벌기 위해 빚을 내서라도 비트코인을 사 모은 사람과 같다는 말이다. 머리 빠른 사람들은 이렇게 세상이 어지러운 때 투자 방식을 변경하여 주식과 금 그리고 국채를 골고루 구매한다고 한다. 그리고 투자회사는 주식이 곤두박질치는 것을 대비해 자금을 현금화한 후 그때를 놓치지 않고 사들이는 방법을 취하여 막대한 수입을 남긴다고 한다.

천국도 마찬가지다. 하나님이 사람보다 똑똑하셔서 이들이 잔머리 굴리며 천국에 오는 것을 차단하시고 모든 것을 팔아 천국에 투자하는 자들만 오게 하신 것이다. 천국을 차지하기 위해서는 침략자의 정신을 가져야 하는데 마치 적의 난공불락을 넘어뜨리기 위해 모든 군력과 장비를 동원하여 성을 치는 그 용기와 결단력이 있어야 한다는 것이다.

바울이 빌립보에 보낸 서신중에 교회는 나오고 있지만, 그리스도의 원수로 살아가는 사람이 많이 있는 것을 보게 된다. 이들을 향해 바울은 눈물로 호소하고 있다. 과연 어떤 사람들이 교회는 나오면서 십자가의 원수로 행하는 것일까?

> 18 내가 여러분에게 여러 번 말하였고, 지금도 눈물을 흘리면서 말하지만, 많은사람이 그리스도의 십자가의 원수로 살아가고 있습니다.
> 19 그들의 마지막은 멸망입니다. 그들은 배를 자기네의 하나님으로 삼고, 자기네의 수치를 영광으로 삼고, 땅의 것만을 생각합니다(빌 3).

여기에서 원수로 사는 사람은 소돔과 고모라 시민이 아니다. 그냥 평범

한 사람들이다. 열심히 일하여 집 한 칸 장만하고 그 집을 담보로 상가 건물을 구입하고 그 건물의 가격이 올라갈 때 차액으로 주식을 매수하고 주식이 상승하면 가상화폐에 투자하는, 그냥 평범한 사람들이다.

물론 이 같은 과정이 모든 사람에게 적용되는 것은 아니다. 그리고 이 과정을 따라 한다고 해서 모두 그리스도의 원수가 되는 것도 아니다. 다만 우리의 정신이 온통 재물에 있을 때(땅의 것만을 생각합니다.) 우리의 영광(재물)은 수치가 될 것이다. 즉 하나님을 섬기는 것이 아니라 재물을 섬긴다는 것이다. 그리고 그 결과는 멸망이다.

문제는 많은 사람이 죄의 정의를 살인이나, 도적질, 음란과 향락 등으로 규정하고 있는데 하나님이 보시는 죄인은 특별히 악한 사람이 아니다. 그냥 평범한 사람이 죄인이라는 것이다. 이미 소개했지만, 이 시대에 교회가 위상을 잃은 이유는 평범한 사람이 목자가 된 것으로부터 시작하여 평범한 시민들이 평범하게 잘 살고자 하였기 때문이다. 이로 인해 교회의 진가가 무너진 것이다.

교회의 위상을 살리기 위해선 필요한 많은 조건이 있지만 그중 첫 번째가 바울의 성실함이다. 목회자가 되는 길은 세상에서 제일 값진 일이다. 하지만 동시에 제일 하찮은 일이기도 하다. 노숙자들을 섬기다 보니 저들과 나 사이에 존재하던 차별이 서서히 사라지는 것을 체험하는데, 인간적으로 보면 참 슬픈 일이다. 물론 지금도 보이지 않는 생활 방식의 차별이 어느 정도 남아있지만 냄새나는 공간에 이들과 함께 있다 보면 내 몸에서 전혀 향기롭지 않은 그들의 냄새가 배어있다. 또 이들과 함께 외출하다 보면 원하지 않는 주위 시선을 느낄 때가 있다. 물론 나에게 이 냄새와 한솥밥 식사는 하늘의 영광이고 나의 훈장이지만 세상의 가치관과 정반대로 가는 것이다.

하지만 이렇게 하찮은 자리를 주신 예수님께 감사드린다. 왜냐하면 세상의 모든 영광과 권세가 모두 돗자리가 돌돌 말려서 땔감으로 사용되는 것처럼 이 모든 부귀영화가 사람을 망가뜨리기 위해서 존재하는 것을 알았기 때문이다.

반면에 노숙자와 함께한 밥그릇 숫자대로 주께서 상을 주시겠다고 약속하셨기 때문이다(마 10:24). 솔직히 나는 상은 바라지 않는다. 내가 지은 죄가 하나님 앞에 모두 기록되어있는데 무슨 상을 바랄 수 있겠는가? 천국 문 지방을 지날 수만 있으면 나는 그것으로 하나님께 그리고 우리 구주 예수께 감사드릴 것이다.

바울의 성실함을 이해하기 위해서는 한국 교회의 목사(牧師)라는 직함과 미국 교회에서 사용되는 'Pastor'라는 단어를 자세히 살펴볼 필요가 있다. 목사는 "고대 중국에서 백성을 잘 이끈 뛰어난 관리에게 주어지는 칭호에서 유래해서, 역시 '목자' 또는 '양치기'라는 뜻을 지니고 있었으며, 그 자체로 존칭이다."[28] 영어로 쓰이는 'pastor'는 라틴어로 '양치기, 목자'로 이해할 수 있다. 두 단어에서 약간의 차이를 감지할 수 있는데 목사는 칠 목(牧), 스승 사(師)로, 백성(양)을 다스리는 **스승**으로 이해할 수 있고 이와 다르게 영어는 하나의 단순 노동의 일종으로 풀이할 수 있다.

물론 두 직업의 역할은 같지만, 한국의 유교 사상에서 전가된 스승의 위

---

28 https://ko.wikipedia.org/wiki/%EB%AA%A9%EC%82%AC

치가 목사와 접목되어 한국 사회가 이해하는 목사는 단순한 양치기와 커다란 차이가 있다. 목사를 스승으로 받아들이는 것은 물론이고 하나님의 종, 사도로 이해하거나 좀 더 심한 경우, '정권대사'로 이해하여 목사와 교인과의 수직관계를 허용하고 목사를 우러러보는 사태가 아직도 남아있다. 물론 하나님이 부르신 사람을 홀대할 수 없는 것은 당연한 일이다. 그러나 이것은 성도들의 영역이고 목사로 부름받은 사람은 어떤 자세를 가져야만 하는지 바울을 통하여 알아보고자 한다.

일단 바울에게 있어서 자신이 누구인가를 먼저 검색해 보면 그는 스스로 "모든 성도 중에 지극히 작은 자보다 더 작은 나"라고 소개하고 있다(엡 3:8). 지극히 작은 자보다 더 작은 자를 우리는 흔히 하찮다고 한다. 바울이 하는 이 고백이 과장된 겸손인지 실제로 자신을 그렇게 이해하였는지 필요하다면 더 찾아봐야 하겠지만 과거의 잘못을 지울 수 없었던 바울에게 이 고백은 솔직한 자신의 심정이라고 봐도 무방할 것 같다.

나 역시 내가 한 잘못과 실수가 내 머리에 그대로 남아있는데 무슨 낯짝으로 목사로 불리고 있는지 주님께 그리고 주위 분들께 죄송할 따름이다. 그런데 슈퍼 사도 바울이 자신을 하찮은 존재라고 소개하는 데 반해 한국 사회의 목사라는 위치는 과연 어떠한 자리인지 목사라고 불리는 모든 사람은 곰곰이 생각해 봐야 할 것이다. 바울이 위치한 자리는 '을'이었다는 것은 그의 서신 곳곳에 나타나 있다. 다시 말해서 자신이 양육하고 인도하던 교인들에게 엄청난 갑질을 당한 것이다.

고린도 교회는 바울의 외모나 말투를 깔보며 "약하고 말도 시원치 않다(고후 10:10)."라고 비난하였고 바울의 가르침이나 교훈이 없어도 이미 "배부르고 이미 풍성(고전 4:8)"한 자리에 있다고 믿었다. 또한 교인들에게 부담을 주지 않기 위해서 자비량으로 사역하며 다른 교회에서 헌금을 걷어 고린도 교인을 섬겼지만, 이들은 오히려 바울을 자격 미달로 간주하고 다른 교리에 귀를 기울이는 상황이 벌어졌다.

> "내가 너희를 높이기 위하여 나를 낮추어 하나님의 복음을 값없이 전함으로 너희에게 죄를 지었느냐?"(고후11:7)

갈라디아 교회는 율법주의로 돌아가려는 세력이 강해지면서 이전에 있었던 바울에 대한 사랑이 원수 같은 마음으로 변하고 있음을 탄식하였다.

> "너희의 복이 지금 어디 있느냐? 내가 너희에게 증거하노니 너희가 할 수만 있었더라면 너희의 눈이라도 빼어 나에게 주었으리라. 그런즉 내가 너희에게 참된 말을 하므로 원수가 되었느냐?"(갈 4:15-16)

아낌없이 사랑으로 정성 들여 양육했으나 아시아에 있는 모든 사람이 바울을 버렸고(딤후 '1:15) 뿐만 아니라 동역자 초자 바울을 등진 것이다(딤후 4:16). 나는 이런 사건을 통하여 사람의 속성을 다시 한번 인식하게 되는데 상대방이 자신을 낮추면 일단 이 관계를 이용하여 나의 이익을 추구한다는 것이다.

그래서 지금도 우리는 갑질을 저지르는 사건을 종종 목격하게 된다. 노숙자들을 섬기는 데 이 관계가 필수조건이다. 무료로 음식을 나눠주고 무료로 잠자리를 제공하여도 나는 언제나 '을'이다. 내가 갑이 되는 순간 이들의 마음은 꼭 잠긴 자물통이 되고 더 이상 영혼 구원의 가능성을 내가 막아버린 것이다. 물론 이들은 또 다른 복음 전파자를 이용할 것이다. 그 누군가가 어떠한 갑질에도 참아내고 변함없이 '을'의 위치를 주님의 은혜로 지켜낸다고 이들의 구원을 장담할 수는 없지만, 최소한 이들의 구원을 막았다는 징벌을 주님께 받지 않을 것이다.

이런 논리 아래 이 시대 교회의 구조를 바라보면 교회가 갑인 것이 이번 미국 대선을 통하여 다시 한번 확인하였다. 그러나 무엇보다도 한국 교회의 문제점을 다시 실감하게 되는데 바로 한국 사회의 전통과 유교 문화가 예수께서 명령하신 '섬기는 종'을 섬김을 받는 '스승'으로 둔갑시킨 것이다 (마태 20:28 마가 10:45 요한 13:1-17).

물론 한국 사회는 미덕을 중요시하고 상하관계를 잘 지키는 사람을 예의 바른 사람이라고 칭찬한다. 이러한 사상은 단점보다 장점이 많은 사상이다. 그런데 이런 '예의'가 교회에 접목되자 역효과가 일어나게 되는데 목사도 인간인지라 그 자리에 익숙해지는 것이다. 언젠가 뉴저지 주변 대형교회에서 설교하게 된 것을 이전 책에서 예를 든 적이 있다. 담임목사께서 출타 중이셔서 선교회 보고와 함께 주일 대예배 설교를 맡게 된 것이다.

이전 책에서 설명한 것처럼 나는 이날 '왕'의 체험을 했다. 초대한 교회는 최대한의 예의를 갖추어 강사를 대접했지만 이런 대접을 받아본 적이 없던 나로서는 많은 생각이 교차하였다. 예수께서는 종으로 오셔서 머리 둘 곳이 없다고 하셨는데 이런 대접을 어떻게 주를 따른다고 하면서 받을 수 있을까?

이런 한국 문화에 대하여 성도들에게 무슨 말을 할 수 있을까? "목사를 섬기지 마십시오."하고 부탁드려야 할까? 아니면 "목사는 섬김의 대상이 아니고 여러분의 종입니다." 하며 계몽을 해야 하나. 한국 사회의 미덕을 바꾸는 것은 바람직한 방법이 아닌 것 같다. 결국 내가 할 수 있는 일은 이렇게 바울이 누구인가를 다시 찾아보고 주님의 길을 걷고자 하는 자들에게 당부하는 것이다. 우리가 강대상에서 거의 매 주일 읽고 있는 바울의 서신은 이런 고난의 길에서 쓰였는데 이 시대의 갑은 누구이고 을이 누구인지 다시 한번 되새겨 보자는 것이다.

또 한 가지 제시하는 것은 목사가 아니라 '목자(牧子)'로 호칭을 바꾸는 방법이다. 이 단어를 검색하니 다음과 같은 뜻을 찾게 되었다.

"조선 시대 제주 지역의 목장에서 우마를 관리하던 하층민. 목자는 조선시대 제주의 목장 지대에서 국마(國馬)와 사마(私馬)를 기르던 하층민으로 '테우리'라고도 한다."

물론 이런 대안은 한국의 사회적 구조에 자연스러운 제안은 아니지만, 영문(pastor) 호칭과 크게 어긋나지 않는다. 하지만 이런 부자연스러운 제안을 교회와 목사가 함께 실행한다면 시간이 걸리더라도 바울의 섬김이 이 시대 교회에서 서서히 자리 잡게 되지 않을까?

뉴저지 중부에 있는 한인교회가 이와 비슷한 결정을 실천하여 한때 교계에 찬반 논란이 불거졌다. 1999년 뉴저지 찬양교회에 부임하여 22년 동안 신실하게 교회를 섬긴 허봉기 목사이시다. 이분이 가져온 신선한 기류가 바로 직분제 폐지였고 (2012) 그동안 전수되었던 목사, 장로, 집사 등 교회에서 사용하는 명칭을 모두 '형제'와 '자매'로 통일한 것이다. 물론 교인들의 반대로 '목사'라는 타이틀이 유지되었지만 허목사의 뜻을 모두 이해하였다. 그 결과 후임으로 오신 노승환 목사가 이 뜻을 받들어 지금도 모든 성도가 형제와 자매로 통일되게 사용되고 있다.

허봉기 목사가 이렇게 직분제를 폐지한 이유는 "직분제가 성도의 하나됨을 방해한다"[29] 고 보았기 때문이고 그뿐만 아니라 교회 안에서 박사, 교수 등 다른 명칭도 부르지 못하게 했다고 한다. 나로서는 정말 이상적인 교회이고 모든 교회가 이런 방침을 따른다면 교회의 새로운 시대가 열릴 것이라 생각한다. 하지만 이런 발상은 구세대, 특히 섬김을 받는데 빠져버린 기성교회가 환영할 리 만무하다. 심지어는 찬양교회 장로로 있던 한 분이 허 목사의 뜻에 반기를 들고 이렇게 자신의 입장을 표명하였다.

"내년부터는 당회원 장로만 장로라고 부른다. 당회를 떠나면 장로라는 타이틀이 없어진다. 내년부터 저는 장로 호칭이 없어지는데 무슨 자격으로 여기 와서 하나님의 일을 할 수 있겠는가. 장로와 안수집사는 하나님이 기름을 부어 세워주셨는데 종신인가 시한부인가? 시한부가 아니라 하나님이 종신토록 세웠다고 본다. 이런 것을 어느 교회 지도자들이 사람의 힘으로 이렇게 이끌어 갈 수는 없다."[30]

다들 감지하시겠지만, 이분에게 중요한 것은 타이틀이다. 하나님의 일을 하는데 필요한 이름은 장로나 목사가 아니라 '종'이다. 교회의 필요로 인해 세운 사람인데 하나님이 기름을 부어 나를 세웠으니 나는 죽을 때까지 장로라고 우기는 사람이 너무 많다 보니 허목사처럼 이 제도를 없애는 것이

---

29 https://myip.kr/JEXhS

30 https://www.usaamen.net/bbs/board.php?bo_table=data&wr_id=3889&sca=%ED%99%94%EC%A0%9C&page=17

더 나았을 것이다. 직분제 폐지와 관련하여 검색하다가 허목사보다 더 먼저 이런 생각을 가지신 분이 있었다는 것을 알게 되었다. 장로와 권사의 명칭은 존재하되 단지 호칭일 뿐, 지위 개념을 제거하여 교회 안에서 권력이나 계급 형성을 막으려 하였다. 이재철 목사는 "계급화되고 서열화된 장로 권사제는 가톨릭의 계급제도와 다를 바가 없다."라고 강조했다.[31]

허봉기 목사와 이재철 목사의 공통점은 예수의 섬김을 실천하려고 노력하였다는 것이고 사도 바울의 종의 모습을 현대교회에서 재현하였다는 것이다. 성경'책'을 공부하고 강의하는 일은 목사가 아니어도 고등학생 수준 이상이면 누구나 다 할 수 있다. 그러나 예수의 섬김을 실천하는 일은 박사 과정을 마친다 해도 감당할 수 없는 일이다. 종이 되는 일은 자신을 하찮게 여길 수 있는 사람만이 할 수 있는 일이기 때문이다.

종이 되려고 할 때 찾아오는 비난과 하대는 보통 사람이 감당할 수 있는 정도가 아니다. 예수의 피 흘리심을 직접 보거나 구멍 난 손을 직접 만져본 사람만이 이 하찮은 인간을 받아주신 주님께 감사하며 이 일을 감당할 수 있기 때문이다. 다시 말하면 여전히 목사로 섬김을 받고 있는 자들은 삯꾼이며 "이리가 오는 것을 보면 양을 버리고 달아나는(요10:12) 평범한 사람이다.

노숙자를 섬기면서 가끔 불편한 것은 예약이 없다는 것이다. 누구를 만나거나 찾아갈 때 우선 상대방의 일정을 확인하고 서로의 필요를 조정하여 만날 시간과 장소를 정하게 된다. 이 같은 순서는 사회생활에서 기본적인 도리가 아니라 이 암묵적인 계약이다. 그렇기에, 예약이 없는데 갑자기 누

---

31 https://www.usaamen.net/bbs/board.php?bo_table=data&wr_id=3889

군가 찾아온다면 이는 무례함이 될 수 있고 때로는 상대하지 못할 사람으로 평가된다.

물론 예외가 있다. 응급한 상황이 발생할 때 우리는 예의나 상식을 지키지 못할 때가 있다. 병원 응급실이 그 같은 경우이고 식구나 친구가 사고를 당할 때 당황한 나머지 우리는 두서없이 말하기도 하고 상대방을 보채기도 한다. 문제는 노숙자 중에 응급한 사람들이 많다는 것이다. 싸움하다가 칼 맞은 사람이 있는가 하면 마약 과복용으로 심정지 상태가 온 사람도 있다. 그런데 나한테는 전혀 응급 상황이 아닌데 자기는 응급하다 하는 사람들이 종종 있다.

한번은 식사 시간이 아닌데 찾아와서 밥을 달라고 조르는 노숙자가 있었다. 우리가 운영하는 아침 식사는 오전 6시인데 10시경에 와서 배고프다고 먹을 것을 찾는 것이다. 2시간만 기다리면 길 건너에 있는 "에바의 부엌"에서 식사를 제공하니 그곳으로 가라고 알려주었다. 그런데 배가 고픈데 밥을 주지 않는다고 짜증을 내면서 더 이상 부탁이 아니라 요구를 하는 것이었다. 그때 내가 잘못하여 지금까지 속으로 후회하고 있다. 우는 아기 떡 하나 더 준다고 냉장고를 뒤져보면 먹을 게 있을 텐데 약속도 없이 찾아와 밥 '주세요'가 아니라 밥 '내놔' 투정을 부릴 때 나도 그런 하찮은 대접을 견디지 못한 것이다. 하나님 잘못했습니다. 한 번만 더 기회를 주세요…. 이제 27년 훈련했지만 아직도 내려놓지 못한 혈기다. 하나님께서 앞으로 몇 년을 더 허락하실지 모르지만 아무튼 은퇴하기 이전까지 계속해서 하대를 경험하여 더욱 하찮은 인간이 되도록 기도한다.

인류의 신, 돈

1998년 선교회를 시작한 후 2004년 $275,000에 불타 방치되어있던 술집과 이에 딸린 주차장을 구입했다. 정확한 금액은 기억나지 않지만 100,000을 다운하고 나머지를 은행에서 융자한 것으로 알고 있다. 그 후 2008년 선교회 주차장 옆에 있는 3층 아파트를 $610,000에 구입하였고 2023년에 선교회 주차장과 본관 사이에 있던 14 Marshall St를 $455,000 달러에 구입하였다. 만성 적자에 나에게 돌아오는 사례비도 없었는데 무슨 돈으로 이 건물을 다 구입했는지 지금 생각하면 신기하기만 하다. 때마다 말로 형용할 수 없는 신기한 일들이 일어난 것이다.

앞으로 이곳에 설립된 학교를 위하여 건축가로 봉사 중인 이사분이 설계를 마치셨고 엔지니어 사무실에서 마지막 서류가 완성되면 페터슨 도시개발 사무소에 제출하려고 한다. 총 건축 비용은 3백만 불 정도 예상되고 지금 선교회가 가지고 있는 자금은 약 3만 불 정도이다. 3만 불을 100배 늘려야 학교를 건축할 수 있는데 아무리 머리를 굴려봐도 나에게 그런 재주는 없다. 그렇다면 내가 믿는 하나님께 부탁해야 하는데 이미 10년 전부터 부탁했지만, 하나님은 묵묵부답이시다. 이미 10년 전에 학교 설계 도면을 완성하여 도시개발 부서에서 승낙하고 모두 일이 진행되는 줄로 알고 있었다. 하지만 일은 더 이상 전개되지 않았다.

나의 믿음이 부족해서일까? 다시 한번 믿음을 가지고 추진하고 있지만,

나의 믿음이 실패한 기록이 있기 때문에 믿음이라 하기에는 허술한 점이 너무 많다. 그러나 이제 와 돌아보니 10년 전에 학교를 건축하지 못한 것에 대하여 하나님께 감사드린다. 나의 조그만 그릇이 큰일을 이루고 나서 무슨 짓을 하였을지 생각하면 아찔하기 때문이다. 그래서 지금은 "하나님 맘대로 하세요."하며 더 이상 내 손으로 일하지 않고 있다. 왜냐하면 하고 싶은 일은 많이 있지만 하나님이 주신 일이 아니면 다 부질없는 일이기 때문이다.

하루 세끼 먹고, 아프지 않고, 따뜻한 이불속에서 편하게 잘 수 있다면 그것보다 더 이상 바랄 것이 없기 때문이다. 하나님은 나에게 그 이상의 축복을 주셨다. 새벽마다 하나님 말씀을 볼 수 있는 눈을 주시고 이해할 수 있는 인지력을 주시고 행동할 수 있는 몸을 주셨는데 거기에 더 얹어서 진리를 전하는 일을 주셨으니 그 대상이 누구이던지 나에게는 넘치는 은혜이기 때문이다. 그러니 하나님 맘대로 하셔도 나로서는 감사할 뿐이다.

선교회를 운영하기 위해서는 역시 '돈'이 들어간다. 노숙자들에게 매일 따뜻한 커피를 대접하자면 일단 커피와 컵 그리고 나머지 재료가 필요하고 이들에게 음식을 대접하려면 기부 음식을 제외하더라도 플라스틱 컵 스푼 등을 구입해야 한다. 이 밖에 원생들이 사용하는 물품을 구입해야하고 이 밖에 상해보험, 건물보험, 자동차보험 등 매월, 매년 정해져 있는 비용이 있다.

무엇보다도 2023년에 구입한 건물은 융자를 받아 샀기 때문에 매달 갚아야 하는 금액이 있고 여기다가 이 건물은 세금면제를 받지 못하였기 때문에, 일사분기마다 $3,858.77불을 지불해야 한다. 몇몇 지역 교회와 기부자들께서 정성스럽게 헌금을 보내주시지만, 이것만으로 부족하여 재활용 가게를 운영하고 있다. 그러나 이것 역시 운영비와 가게 임대료를 지불하고 나면 월평균 약 $2,000불 수입으로 그다지 큰 수입을 내는 것은 아니다. 다 따지고 보면 기부금과 가게 수입금을 합하여 한 달 수입이 약 $12,000불 정도인데 이 금액은 매달 지출 비용보다 모자라는 액수다.

그럼에도 불구하고 선교회가 오늘도 굴러가는 이유는 무엇일까? 때마다 하나님이 보내주신다. 사람을 통해서 기관을 통하여 전혀 예상치 못한 방법으로 하나님은 오늘까지 선교회를 운영하셨다. 아직까지 엘리야처럼 까마귀를 통하여 떡과 고기를 가져다주진 않으셨지만 그럴 필요가 없는 것이 주위에 충분히 돕는 손길이 있기 때문이 아닐까?

지인 중에 노인프로그램을 운영하시는 분께서 얼마 전에 나를 부르셔서 갈비탕을 준비했으니 가져가라고 연락하셨다. 나는 먹을 게 궁하지도 않았고 밥 한 끼 먹으러 움직이는 것이 번거로웠지만 순종하는 마음으로 그곳을 찾았다. 그런데 갈비탕 1인분이 아니라 30인분을 싸주시며 냉동보관 하였다가 먹으라고 챙겨주신 것이다. 이렇게 갈비 고기를 내가 이미 받았으니 까마귀가 더 이상 고기 배달을 중단한 게 아닐까?

나의 믿음이 적은 것을 나도 어쩔 수가 없다. 다만 감사드리는 것은 이 작은 믿음이지만 조금씩 성장한다는 것이다. 시간이 흐르면서 자연적으로 성장하는 게 아니라 하나님의 훈련을 통하여 자라나는 것이다. 이 훈련은 적은 것으로부터, 즉 내 것과 선교회 것을 구별하는 데서부터 시작되었다. 사실 팬데믹 이전까지는 내 것과 선교회 것이 분명히 구분되었다. 내가 운영하는 회사에서 내 가족이 생활할 수 있는 충분한 수입이 있었기 때문이다.

하지만 팬데믹이 지나고 벌써 5년이 지났음에도, 이상하리만큼 수입이 저조하고 더군다나 트럼프 행정부의 관세정책 이후 눈에 뜨이게 내가 운영하는 뉴욕 사무실을 찾는 사람이 줄어든 것이다. 이미 3개 중 하나는 정리하였고 이곳에서 일하던 직원도 자연히 사직하게 되었다. 또 다른 사무실은 건물주에게 허락을 받고 전대하거나 공유할 분을 찾고 있다. 감사한 것은 이사분들의 권유로 선교회에서 사례를 받기 시작했는데 나로서는 다른 방법을 찾고 싶지만, 지금으로서는 어쩔 수 없이 일단 도움을 받고 있다. 하지만 할 수만 있다면 하루속히 선교회 도움을 중단하고 싶은 생각이 굴뚝같다. 그 이유는 바울의 고백 때문이다.

> 15 그러나 내가 이것을 하나도 쓰지 아니하였고 또 이 말을 쓰는 것은 내게 이같이 하여 달라는 것이 아니라 내가 차라리 죽을지언정 누구든지 내 자랑하는 것을 헛된 데로 돌리지 못하게 하리라.

> 18 그런즉 내 상이 무엇이냐 내가 복음을 전할 때에 값없이 전하고 복음으로 말미암아 내게 있는 권리를 다 쓰지 아니하는 이것이로다(고전 9장).

바울의 고지식함이 한 번 더 드러나는데 죽으면 죽었지 "내가 복음을 전할 때에 값없이 전하고… 내 권리를 쓰지 아니하는 이것"이 바울이 자랑이었다. 나도 바울처럼 이제껏 자랑하였는데 어느 날 더 이상 이 자랑을 하지 못하게 된 것이다. 물론 바울에게는 딸린 식구가 없어서 어느 정도 자급자족이 되었다. 그래도 일하는 자에게 대가는 자신의 권리인데 이것마저 부인하고 그 무엇도 바라지 않고 단 한 가지 그리스도의 고난을 맛보고 부활에 참여하고자 했던 것이다.

나는 바울을 존경하지만 부러워하지 않는다. 왜냐하면 그분의 강직한 성품과 철저한 자기 관리가 나로서는 부담스럽기 때문이다. 하지만 한가지 도전하는 것은 돈에 대하여 청렴한 것이다. 아직 도전하고 있지만, 결과는 보지 못하였다. 왜냐하면 그 결과는 내가 은퇴할 때 나타나기 때문이다. 앞으로 몇 년 더 선교회를 운영할지는 미지수이지만 그날이 오면 모든 자산을 나와 아무 상관 없는 타인에게 전달하고 아무것도 소유한 것 없이 물러날 것인가 스스로에 의문을 가지고 있다.

기도하기는 바울처럼 다 놓고 갈 수 있기를 바라며 그러기 위해서는 내 손에 돈 때가 묻지 않도록 나를 매일 청소해야 한다. 목사도 사람인지라 다 은퇴 준비를 하며 그때를 대비해 여기저기에다가 뭉칫돈을 숨겨놓는데 아직까지 나에게 뭉칫돈은 꿈같은 일이다. 오히려 팬데믹 때 받은 융자금이 남아있는데 이 금액을 잘 갚아 나가기를 바랄 뿐이다.

내가 맡은 선교회는 하나의 구멍가게 사이즈다. 하지만 이 구멍가게가 많은 사람에게 따뜻한 음식을 제공하였고 아침마다 살아계신 하나님의 말씀을 먹여 혹시 오늘이라도 이들이 살아날 가능성을 엿보는 것이다. 그런 면에서 선교회는 이 사역을 감당할 수 있는 인적, 물적 자원을 가졌다. 그렇지만 팬데믹 이전에 활발하게 운영하던 어린이 사역이 중단되어 아쉬움이 있다. 현재로서는 아이들을 다시 맞이할 능력이 되지 않아서 때를 기다리고 있다. 내가 어쩌다 이런 동네에 와서 남이 하지 않는 사역을 하게 되었는지는 처음 출판한 책에 기록하였다.

지금 와 생각하니 내가 하는 일이 바울의 사역과 비슷한 점을 발견하는데 바로 선교와 구제는 떼어낼 수 없는 관계라는 것이다. 바울이 기근과 박해로 고난받는 이스라엘 성도들을 위해 자신이 복음을 전한 이방 교회들로부터 헌금을 모아 이스라엘 성도들에게 전달하는 역할을 감당하였다. 바울은 이 일에 신중을 기하였고 투명성과 신뢰성을 위하여 여러 교회가 추천한 인물들과 함께 "거액의 연보"를 이스라엘로 운반하였다(고후 8:16 -21). 나는 바울이 감당한 이 사역을 조금 더 자세히 들여다보고 이 시대의 교회가 바울의 역할에 활발히 참여하기를 기대한다. 다음은 바울이 헌금을 모금한 지역과 교회 그리고 성경 구절이다.

지역	교회	관련 성경
마케도니아	빌립보, 데살로니가, 베레아 등	고후 8:1-5
아가야	고린도 등	고후 9:1-5
갈라디아	갈라디아 지방 교회들	고전 16:1
아시아	에베소, 두란노서원, 소아시아 교회들 등 (추정)	행 20:4 언급 인물들 참고

위의 도표를 보면 바울이 복음을 전한 대부분 교회는 한 번도 만난 적이 없는 이스라엘 성도들을 위하여 헌금을 모았는데 단순한 자선행사가 아니었다. 이 중에 마케도니아 교회는 큰 환난과 시련을 겪으면서, 극심한 가난에 쪼들리면서 오히려 힘에 지나도록 자원하여 '돈'을 모았다고 한다(고후 8).

사회는 숫자에 열광한다. 이제 70세를 바라보는 세기의 백만장자가 빌게이트가 자신이 운영 중인 자선단체(BILL &MELINDA GATES FOUNDATION)에 앞으로 20년 동안 200빌리언(279,765,000,000,000.00원)을 기부하기로 발표하였다. 세상은 이 결정에 열광하였고 빌게이트는 이 사건으로 방송국 여러 곳을 방문하는 바쁜 일정을 보냈다. 자신의 재산을 세상의 굶주리고 병든 사람들, 특히 아이들을 위해 사용하는 일은 정치나 종교 사회를 넘어 누구나 바라고 환영하는 일이다. 그러나 내가 이 분야에서 수십 년 일하다 보니 돈의 한계를 분명하게 체험하였다.

아무리 많은 서비스를 끊임없이 제공하여도 사람의 동기는 바뀌지 않는다는 것이다. 그래서 나에게는 200 빌리언이 아니라 200트릴리언(trillion) 일지라도 모두 숫자에 불과한 것이다. 내가 아무리 좋은 음식을 가장 훌륭한 장소에서 제공하여도 음식은 다 분뇨가 되는 것이고 때가 되면 한 줌의 재가 되는 것이 인간이다. 그래도 사람은 숫자를 좋아한다. 많으면 많을수록 더욱 열광한다.

게이트가 출연한 방송 중에 미국 유명 방송인 Stephen Colbert가 운영하는 〈The Late Show〉가 있다. 이분이 진행하는 쇼를 가끔 즐겨보는데 이 쇼에 게이트가 초빙된 것이다. 역시나 사람들은 게이트를 사랑했다. 무슨 이유에서 게이트에 열광하는지 다 알 수 없지만 200빌리언 숫자를 들으며 더욱 우렁찬 박수와 환호가 들려왔다. 그리고 나머지 순서는 이미 다른 방송에서 한 말을 되풀이 하는 것이라 거기까지 듣고 중단했다.

관건은 무얼 먹고 얼마나 건강하게 오래 사는가가 아니다. 태어나서 죽는 그 사이에 무엇을 하며 살아야 하고 그 후에 어떨 결말이 있는가이다. 하나님을 믿는 사람은 이 과정과 결말이 중요하다. 그래서 우리는 더 많은 사람에게 복음을 전하고 이 삶이 끝나기 전에 이들을 하나님의 은혜 안으로 초대하여 그리스도 예수의 보혈로 죄 사함을 얻도록 노력하는 것이다.

이 과정이 있기에 하나님은 사람의 숫자가 아니라 하나님께서 사랑하시는 사람의 마음에 열광하신다. 예수께서 칭찬하신 과부의 한 고드란트가 바로 하나님의 갈채다. 한 고드란트가 얼마나 되는지 구글에게 물어보면 약 1,000원이라고 한다. 미화로 일 불이 채 안 되는 이 금액으로 맥도날드에서 일 불짜리 음료도 살 수 없는 금액이다. 하지만 200빌리언으로도 만들 수 없는 하나의 생명체가 하나님께는 더 소중하고 썩어져 없어지는 이 육체보다 영원히 존재하는 우리의 마음에 하나님은 모든 것을 배팅한 것이다.

빌게이트가 200빌리언을 앞으로 20년 나눠서 사람을 살린다 해도 미국에서 만들고 수출하는 살생 무기가 앞으로 20년 안에 얼마나 많은 사람을 죽일 것인가를 생각해 보자. 참 놀라운 사실은 인간이 하는 짓을 참 무모하고 앞뒤가 안 맞는 행위들이라는 점이다.

결국 이렇게 허무한 것이 인간의 존재인데 그 안에서 서로 더 차지하려 치고받고 싸우는 세상에 나는 이미 발을 뺐었고 주 예수의 강림이 임하는 날을 기다리고 있다. 그때까지 술과 마약에 취한 사람을 하나라도 더 건져내기 위해 내 마지막 날까지 달려가려고 한다.

그러기 위해 나는 교회들에 호소한다. 먼저 바울 같은 목자가 되라고. 그리고 바울 같은 청지기가 되자고. 바울이 움직이는 돈은 게이트가 움직이는 방식과 전혀 다르다. 같은 돈이지만 여기에서 빠진 것이 있다. 바로 수고비다. 누구에게는 커미션이고 또 다른 사람에게는 운반비다. 세상의 모든 서비스에는 비용이 추가된다. 이것은 경제의 원리이고 자본의 흐름을 연속시키는 필수적인 요소지만 하나님의 사랑에 경비를 포함하면 모양이 찌그러지고 이 모든 비용을 빼고 나면 나중에 남는 것은 착취와 오용뿐이다. 바로 유럽의 교회가 왕들과 결탁하여 저지른 일이 그것이다.

이미 이 과정에 대해서는 충분히 설명하였으니 조금 더 현실적인 예를 들고자 한다. 게이트의 돈이 사회를 흘러가면서 빠져나가는 비용이 얼마나 되는지는 쉽게 찾아볼 수 있다. 게이트 재단이 보고한 2023년 세금 보고[32]에 의하면 총지출 금액이 8,837,147,189달러이고 이 중에 운영비가 1,636,590,219달러이고 그 나머지가 7,200,556,970달러가 프로그램 지원, 비영리 단체 후원비 등으로 사용되었다.

다시 말해서 총비용의 18.5%가 돈을 옮기는 데 사용된 것이다. 18.5% 안에 직원 월급이 있고, 연금, 보험 비용이 있다. 그런데 매번 내가 고개를 갸우뚱하는 대목이 출장, 여행비용이다. 아니나 다를까 이 재단도 출장, 콘퍼런스 비용으로 $142,109,490을 사용하였다고 하니 또 한 번 '억'(수억 달러) 소리 나는 돈이, 만나고 먹고 마시는데 사용된 것이다. 나로서는 불평할 일이 아니다. 세상이 돌아가는 원리이기 때문이다.

그런데 여기에서 끝나는 것이 아니다. 나머지 81.5% 가 비영리 단체 후원비 연구비 등으로 사용되는데 여기에서 다시 지원받은 기관의 운영비 그리고 출장 콘퍼런스 비용이 또 드는 것이다. 물론 이렇게 많은 돈이 직업도 창출하고 사람을 살리는 일에 사용되었다면 게이트 형님께 감사할 일이다. 하지만 바울의 운반 비용은 얼마나 들었을까? 물론 "0"이다. 믿기 어려우시면 나중에 천국에서 바울 형님께 직접 물어보길 바란다. 그래서 나도 "0"으로 이 구멍가게를 운영하려고 발버둥 치는 것이다.

---

32 https://projects.propublica.org/nonprofits/organizations/562618866/202433189349102233/full

이제 바울의 선교, 구제 방식을 이 시대 교회와 비교해 보고자 한다. 내가 교회들에 부탁드리는 것은(첫 번째 책에서 내 언어가 너무 건방져서 책이 팔리지 않아 이번에는 조금 누그러뜨리고 적어본다.) 첫째, 선교와 구제는 나눌 수 없다는 것이다. 바울의 선교 여행은 첫째가 복음, 둘째도 복음이지만 셋째는 복음이 아니다. 셋째는 구제였다. 그리고 구제를 위해 돈의 흐름에 바울이 관여한 것이다. 물론 나는 설교만 하겠다고 부득불 우기는 목사가 있겠지만 내가 존경하는 사도 바울은 돈을 통하여 이루고자 하는 목적이 있었다. 바로 세상에 흩어져 사는 성도들의 삶이 '균등하게' 하려고 한 것이다(고후 8).

> 13 이는 다른 사람들은 평안하게 하고 너희는 곤고하게 하려는 것이 아니요 균등하게 하려 함이니
> 14 이제 너희의 넉넉한 것으로 그들의 부족한 것을 보충함은 후에 그들의 넉넉한 것으로 너희의 부족한 것을 보충하여 균등하게 하려 함이라.
> 15 기록된 것 같이 많이 거둔 자도 남지 아니하였고 적게 거둔 자도 모자라지 아니하였느니라.

바울은 이 일을 위해 가는 곳마다 후원을 요청하였고 성도들은 기쁘게 이 일에 동참하였다고 로마서에서 증언하고 있다.

> "이는 마케도니아와 아가야 사람들이 예루살렘 성도 중 가난한 자들을 위하여 기쁘게 얼마를 연보하였습니다."(로마서 15:26)

바울이 구제를 할 수밖에 없었던 이유는 간단하다. 기근과 가뭄이 이스라엘 지역을 강타했고 바울은 이것을 직접 본 것이다.

> 28 그 중 아가보라 하는 한 사람이 일어나 성령으로 말하되 천하에 큰 흉년

거룩한 도용

> 이 들리라 하더니 글라우디오 때에 그렇게 되니라.(행 11)

주안에서 사랑하는 형제와 자매가 배고픔을 당한다면 목자는 당연히 하나님의 말씀이 허용하는 범위에서 모든 일을 감행할 것이다. 그리고 그중 하나가 교회를 향해 부탁이 아니고 마땅히 해야 할 일임을 알릴 것이다.

> "그들이 기뻐서 하였거니와 또한 그들은 그들에게 빚진 자니, 만일 이방인들이 그들의 영적인 것을 나눠 가졌으면, 육적인 것으로 그들을 섬기는 것이 마땅하니라."(로마서 15:27)

나는 이런 사역을 지난 28년 동안 감당하였지만 내가 가지고 있는 숙제가 여전히 답을 찾지 못하고 있다. 그 이유가 여러 가지인데 그중에 가장 큰 이유라면 교회가 생각하는 구제가 바울의 생각과 다르기 때문이다. 나는 바울이 감당한 구제 사역이 한 시대에 끝나는 것이 아닌 이분의 인식 속에 들어있는 '균등 신앙'에서 비롯된 것이고 이 신앙은 성경적으로 깊은 뿌리가 있다. 바로 출애굽기 16장 18절 말씀으로 예를 들었다.

> "기록된 것 같이 많이 거둔 자도 남지 아니하였고 적게 거둔 자도 모자라지 아니하였느니라."(고후 8:15)

이는 바로 너무 많지도, 너무 적지도 않게 필요한 만큼 채우시는 하나님의 균등한 규례이다. 그래서 잠언 30장에서 아굴의 기도는 너무 적지도 않게 그리고 많지도 않게 필요한 양식을 구하였다.

> 7 내가 두 가지 일을 주께 구하였사오니 내가 죽기 전에 내게 거절하지 마시옵소서.

> 8 곧 헛된 것과 거짓말을 내게서 멀리 하옵시며 나를 가난하게도 마옵시고 부하게도 마옵시고 오직 필요한 양식으로 나를 먹이시옵소서.
> 9 혹 내가 배불러서 하나님을 모른다 여호와가 누구냐 할까 하오며 혹 내가 가난하여 도둑질하고 내 하나님의 이름을 욕되게 할까 두려워함이니이다.

마찬가지로 우리 주 예수께서 가르쳐 주신 기도문에 "오늘날 일용할 양식"(오늘 우리에게 필요한 양식을 주시고: 공동 번역)을 기도하게 하신 것이다. 그리고 만일 넘쳐날 경우 이것을 곳간에 쌓지 말고 형제와 이웃에게 나눠야 하는 것이 바로 하나님이 원하시는 것이다. 그동안 많은 교회가 선교를 위하여 수고했으나 구제에 등한시하였다면 이제는 어떻게 바울의 구제에 동참할 것인지 곰곰이 생각해 봐야 할 것이다. 바울의 구제는 일시적인 도움이 아니다. 현재도 계속 진행 중인 '균등'이다.

내가 주례한 결혼식은 평생 세 번이고 장례식은 아직 한 번뿐이다. 첫 번째 결혼식은 이전 책에서 다루었고 두 번째 결혼식은 선교회 이사로 계신 목사이시다. 이분도 대학교에서 풀타임으로 일하시며 자비량으로 교회를 섬기셨는데 수년 전에 교통사고로 몸을 다치셔서 그 후유증이 아직 거동을 불편하게 하여 어려움을 겪고 있다.

며칠 전 이분과 대화하다가 교회를 선교회로 옮겨오는 것에 대하여 논의하였다. 이분도 나도 전혀 생각지 못한 주제가 갑자기 대화 중에 떠오른 것이다. 이분의 교회가 위치한 곳은 한인 타운은 아니지만 뉴저지와 뉴욕을 가르는 헛슨강에서 가까운 곳에 있고 선교회가 위치한 패터슨까지는 교회에서 약 15마일 거리이다. 얼떨결에 튀어나온 생각인지라 그다음 계획은 아직 없지만 교회가 합쳐질 때 생기는 이득 중에 바로 '균등'을 포함하고 있다.

나는 몇 명 안 되는 노숙자들과 한인 의사 한 명이 함께 예배를 드리고 있다. 아직은 준비 단계이지만 선교회가 소유한 건물을 다 들어내고 새로운 학교가 건축될 때 그 안에 100명을 수용할 수 있는 강당이 들어선다. 나는 이곳에서 이사 목사님과 함께 바울이 원하는 교회, 무엇보다도 예수께서 원하시는 교회를 만들고 싶다. 한인 성도들과 남미인, 백인, 흑인, 남녀노소 모든 사람이 함께 이 건물을 사용하는 것이다.

주일 예배는 한글로 먼저 예배드리고 그 후에 노숙자를 초대하여 예배드리고 이들에게 식사를 대접할 것이다. 주중에는 저소득층 아이들에게 양질의 교육 프로그램과 세상을 품을 수 있는 꿈을 이들에게 심어줄 것이다. 일년 열두 달 365일 돌아가는 선교회 건물에서 영과 육이 살아나는 하나님의 역사를 체험하고 싶은 것이다. 여기에서 살아계신 하나님을 예배하고 동시에 선교와 구제가 함께 펼쳐지는 것이다.

돈을 이렇게 사용하여야 하나님이 기뻐하시는데 돈이 자꾸 딴짓하도록 우리를 유혹하고 있다. 이 말은 돈이 내 수중에 있지만 내가 돈의 주인이 아니라 돈이 나의 주인이 되는 것이다. 예수께서 돈은 단순한 물질이 아니라 섬김의 대상이 될 수 있다고 경고하셨다.

> "한 사람이 두 주인을 섬기지 못할 것이니…. 너희가 하나님과 재물을 겸하여 섬기지 못하느니라."(마태 6:24)

여기에서 사람과 섬김의 대상을 분명히 하셨는데 우리의 주인은 하나님과 재물 둘 중 하나라는 것이다. 인간이 가운데 있고 하나님은 위에 재물이 아래 있는 것이 아니라 사람은 하나님 아래 있든지 아니면 재물 아래 있다는 것이다. 그래서 이스라엘은 재물을 섬기게 되었고 유럽 교회도 마찬가지로 재물을 섬기게 된 것이다.

한 중국 여성이 영어로 유튜브 채널을 운영하는데 이분이 방문한 여행지 중에 티벳이 있다.[33] 하루종일 북적거리는 나의 환경을 벗어나 잠시나마 티벳의 자연환경을 보며 할 수만 있다면 저런 곳에서 살고 싶다는 생각에 빠져있었다. 그런데 이분이 방문한 관광지 중에 가장 유명하다는 작은 신전이 있는데 영어로 'Zashi Temple'이고 이곳에서 섬기는 신이 'Zashi Lemo'다. Chat GPT로 더 찾아보면 다음과 같은 결과를 보게 된다.

"자시 레모는 티베트 불교에서 숭배되는 쉬리 데비의 한 형태이며, 특정 장소(예: 신성한 호수나 사원)에 거주하시는 존재로 여겨진다."

이 비디오를 제작한 여성에 따르면 이 신은 풍요의 신이고 매주 수요일마다 신전을 찾아 축복을 비는 사람들로 인해 인산인해를 이룬다는 것이다. 한참 자연을 감상하던 나는 순간적으로 날아오는 돌멩이에 맞아 정신이 끊어진 듯하였다. 어쩜 저렇게 아름다운 티벳이나 시끌벅적한 대도시나 사람이 원하는 것이 같을 수 있을까?

이스라엘이 바알 신을 섬긴 것과 티벳 사람들이 자시레모를 섬기는 것은 자연스러운 인간의 소망이다. 그리고 교회도 마찬가지로 풍요한 삶을 바일이나 자시레모는 아니지만, 하나님께 빌고 있다. 결과는 마찬가지이다. 우

---

[33] https://www.youtube.com/watch?v=9KUkTEadCrg&t=2743s&ab_channel=LittleChineseEverywhere

리는 하나님을 믿는다고 하지만 결국은 재물을 섬기고 있다. 수천 년이 지나고 아무리 우리가 AI 시대에 살고 있어도 사람은 여전히 재물의 신께 나를 사용하시도록 허락하고 있다. 교회가 성도가 하나님을 모시고 있다면 재물에 대하여 단호해야 한다.

리치가 담배를 끊지 못하는 이유가 무엇인지 물어봤다. 대답은 간단명료하다. 좋아서이다. 다음 주 수요일에 관상동맥 스텐트 시술 일정이 잡혔다. 나는 계속해서 리치에서 부탁할 것이다. 이제 제발 담배를 끊자고. 마찬가지로 교인들에게 부탁드린다. 이제 제발 돈을 좋아하지 말라고. 돈이 우리를 지배하는 한 교회도 성도들도 결코 하나님의 백성이 될 수 없다. 오직 소름 끼치는 경고가 있다.

> "어리석은 자여 오늘 밤에 네 영혼을 도로 찾으리니 그러면 네 준비한 것이 누구의 것이 되겠느냐"
> 21 자기를 위하여 재물을 쌓아 두고 하나님께 대하여 부요하지 못한 자가 이와 같으니라.(눅 12)

분열된 대한민국

윤석열 대통령 탄핵은 한국 정치 역사에 또 하나의 획을 그었다. 현대 사회에서 한국만큼 탄핵을 성공적으로(?) 많이 치른 나라가 드물다. 탄핵 시도는 미국이 가장 많지만, 법적 절차와 국민적 합의를 모두 갖춘 사례는 한국이 으뜸이라고 한다. 별로 자랑거리는 못 되지만 한국이 이렇게 탄핵을 잘하는 이유가 궁금해서 Chat GPT에 물어봤다.

1. **헌법과 제도적 장치가 비교적 명확함**
   - 대한민국 헌법 제65조는 대통령을 포함한 고위 공직자의 **탄핵 소추 절차**와 **헌법재판소의 최종 판단**을 규정하고 있습니다.

   국회(입법부) → 탄핵 소추 가결

   헌법재판소(사법부) → 탄핵 인용 여부 결정

   ▶ 권력 분립이 실질적으로 작동함

2. **시민 사회의 강한 정치 의식**
   - 한국의 시민들은 **민주주의에 대한 감시력과 참여 의지**가 강하며, 촛불 집회(2016~2017)는 세계적으로도 **비폭력적이고 조직적인 시민 행동의 모범**으로 평가됨.
   - 이로 인해 **여론이 국회를 압박**하고, 국회가 실제로 탄핵을 추진하는 동력이 되기도 함.

3. **언론과 여론의 견제 기능**
   - 한국 언론은 대통령 및 기득권의 비리를 적극적으로 파헤치는 전통이 있음.

- 인터넷과 SNS의 발달로 **정보 확산 속도**가 빠르고, 국민 여론 형성이 신속하게 이루어짐.

4. **정치적 책임 문화의 형성**
   - 1987년 민주화 이후, 대통령과 정치인들은 형식적인 **권위보다 도덕성과 책임성**에 대한 요구를 강하게 받게 됨.
   - 대통령 개인의 도덕성 문제도 탄핵의 정당성으로 받아들여지는 정치 문화가 정착되고 있음.

5. **제왕적 대통령제에 대한 반작용**
   - 한국은 대통령 권한이 매우 강한 **제왕적 대통령제**에 가까움.
   - 이 때문에 **권력 남용이나 비리**가 발생할 때, 국민과 국회는 **강력한 제동 장치로 탄핵을 활용**하게 됨.

다 맞는 말이라 내가 더할 부분이 없다. 다만 이러한 배경에 한국 개신교 역사를 비추어 볼 때 지난 140여 년 거의 일 년에 한 번씩 잘려 나가고 분열되어 장로교의 경우 100개가 넘는 교단이 존재한다고 한다. 다시 말해서 한국이 탄핵을 잘하는 이유는 잘 뭉치지 못하는 이유도 숨어있다고 해석할 수 있다.

그래서일까 우리는 일을 함께 못 하는 특성을 가지고 있다. 물론 '대한민국'을 외치며 외세의 침략에 대항하는 단결된 모습을 특정한 상황에서는 찾아볼 수 있지만, 그 외의 시간은 서로 간의 힘겨루기와 자존심 대결로 상당한 시간과 에너지를 소모한다. 장점인지 단점인지 보는 사람에 따라 다르겠지만 이렇게 일을 함께 못 하다 보니 선교도 따로 구제도 따로 모두 자기 교회와 목사를 중심으로 움직이는 것이다.

물론 이 문제는 한국 교회만의 문제는 아니다. 마틴 루터의 종교 개혁 이후 교회가 가는 곳마다 분열이 일어났는데 대부분 교리 차이, 지도자 간 갈등, 교회 재산 문제 등이 이유다. 그러나 이런 외부적인 이유 이외에 또 다른 이유가 있다. 미리암과 아론이 모세가 구스 여인을 아내로 삼은 것을 비난하며 이렇게 말했다.

> 여호와께서 모세와만 말씀하셨느냐? 우리와도 말씀하지 아니하셨느냐? (민수기 12:2)

이 말은 모세의 영적 권위에 대한 도전이자 자신들의 위치에 대한 시기와 질투에서 비롯된 말이고 더 나가서 하나님의 권위에 대한 도전이다. 죤 칼빈은 이 구절을 이렇게 해석하였다.

> **"인간 본성의 타락은 이렇다. 그들은 자신들이 멸시하는 형제에게 주신 하나님의 은사를 남용할 뿐만 아니라, 경건하지 못하고 신성모독적인 방식으로 그 은사를 찬양함으로써, 그 은사의 주인이신 하나님을 가리우게 된다."**[34]

타락한 본성에 대하여 구구절절이 나열하자면 너무 지루할 것 같아서 단 한마디로 줄여 말하면 우리는 하나만 거역하는 게 아니라 10계명 모두를 기억한다는 것이다. 하나님 대신에 풍요의 신을 믿고 있고(1계명) 하나님의 이름으로 서로의 주권(유럽의 제국주의)을 빼앗고(2계명) 안식일은 여행가는 날(3계명)로 개정하였고 등등.

---

34 https://biblehub.com/numbers/12-2.htm

이것은 사회와 문화에 대한 비아냥이 아니다. 그리고 이것은 오늘날의 문제가 아니다. 하나님이 율법을 주신 데는 이유가 있다. 우리가 하는 행동이 다 죄인 것을 알게 하시기 위함이다. 죄를 죄로 볼 수 있는 눈을 주시고 그 후에 오시는 예수를 영접하게 하신 것이다. 그러나 하나님을 시기하는 또 다른 힘이 세상의 모든 기쁨을 우리 눈앞에 비추며 함께 가자고 유혹하고 있다. 도우시는 주님의 은혜가 아니고는 모두 다 이 유혹에 사로잡히게 되는 것이다.

비록 교리는 다르지만 나는 천주교에 구원이 있다고 믿고 있다. 오직 예수 그리스도를 통해서만 구원이 있고 예수께서 인류의 죄를 속죄하시기 위해 십자가에서 죽으셨다고 믿는 동일한 기초가 있기 때문이다. 물론 루터의 개혁이 부패한 가톨릭교회를 고발하였고 이로 인해 우리가 지닌 신앙을 구체화하였지만 이로 인한 피바람은 루터의 개혁마저 나에게는 의문을 가지게 하였다.

종교 개혁을 통한 유럽 교회의 잔혹사는 이미 이전 책에서 다루었고 여기서 짚고 넘어갈 것은 루터의 종교 개혁 이전까지 교회는 단 한 번의 분열이 있었다는 것이다. 그것은 동서교회로 나뉜 '1054년 대분열'이다. 교회가 로마 가톨릭교회(서방)와 동방 정교회로 공식적으로 분열된 사건이다. 그로부터 약 500년 후 1517년 마틴 루터가 비텐베르크 교회 문에 '95개 논제'를 붙인 사건을 시작으로 유럽의 종교 지형을 근본적으로 바꾸게 되는데 이는 종교뿐만 아니라, 정치, 경제, 사회적인 혁명의 시작이 되었다. 말은 종교 개혁이지만 세상을 피바다로 만든 출발점이 된 것이다.

나는 이 개혁이 과연 축하할 인이지 애통해할 일인지 더 공부해봐야 하겠지만 현재로서는 슬픈 사건으로 인식하고 있다. 그도 그럴 것이, 아무리 교리가 다르다 해도 루터의 개혁 이후 어떻게 교회가 수백 번이나 나눠지는 웃지 못할 상황이 발생할 수 있다는 말인가? 똑같은 그리스도 예수를 믿고 있는데 미국에는 200개가 넘는 교단이 있고 한국 교회는 100번 넘게 갈라졌다고 한다. 내가 인식하는 나 자신을 보면 인간의 문제는 교리가 아니라 나의 속성이다. 미리암과 아론이 모세를 시기하여 대적한 것처럼 우리는 자신이 처한 위치보다 더 높은 자리를 항상 갈망하고 있다. 이것은 아이를 키워본 부모라면 대부분 경험한 일이다.

　신학교에서 같이 공부한 친구가 식사를 초대하여 아내와 함께 친구 아파트에 방문하였다. 한참 식탁에서 도란도란 저녁 식사를 하는데 방에서 아기의 비명이 들려왔다. 식사하다 말고 친구와 내가 뛰어가 방문을 열어보니 첫째 아이가 둘째 아이의 손가락을 이빨로 물고서 놓아주지를 않는 것이었다. 나는 그때 그 광경을 보면서 소름이 끼쳤고 사람의 속성에 관한 질문이 더 많아지는 계기가 되었다. 물론 모든 첫째 아기가 이렇게 자기 동생을 학대하지는 않겠지만 우리가 가지고 있는 죄의 한계와 범위는 차이가 있겠지만 아무도 무죄를 주장할 수 없다는 것이다.

　이런 전제하에 개신교가 반성해야 할 일은 바울의 서신을 반복해서 강론하고 있지만, 바울처럼 교회가 연합하여 구제를 실천하지 못한다는 것이다. 불본 복음을 선파하는데 '선의의 경생'이 되는 것을 삼안하면 아무리 협력하여 일하지 않는다고 해도 바울은 복음이 전파되는 자체만으로 기뻐할 것이다. 하지만 바울이 기뻐하지 못할 이유가 있다면 그때와 지금은 다르다는 것이다.

그때는 복음이 막 전파되는 상황이었고 그리스도 예수의 이름이 더 넓게 퍼지기를 힘쓰던 때였다. 당연히 바울의 복음이 아니더라도, 예수의 이름으로 돈벌이를 하더라도 일단 구원의 소식이 전달되는 것이 그 당시 목표였다. 하지만 미국이나 한국에서 교회는 포화 상태이다. 특히나 교회가 미국이나 한국 정치에 개입하는 것을 보며 구원과 아무 상관이 없는 정치판에 끼어들어 오히려 교회의 권위와 그리스도 예수의 이름에 먹칠하는 장면에 분통이 터질 판이다.

한국이나 미국 국민은 오늘도 가슴을 조이며 나라의 앞날을 걱정하고 있다. 국제 질서가 무너지고 모든 나라는 오직 자국의 이익을 생각하며 서로를 이용하여 살길을 찾고 있는 실정이다. 교회가 나라를 위해서 기도한다고 하지만 이미 많은 교회의 지도자가 정치에 개입되거나 사회 문제와 거리를 두고 몸 사리기만 한다면 이미 교회는 길에 버려진 쓸모없는 소금이다. 이럴 때일수록 교회는 정치인들과 거리를 두고 사회를 위하여 의미 있는 일을 해야 할 때다. 그리고 바라기는 교회의 지도자들이 하나가 되어 바울처럼 협력하여 도움이 필요한 곳에 물질로 후원하는 모습을 사회에 보여주기를 바란다.

지난 28년간 노숙자 사역을 감당하면서 여러 가지 가슴 아픈 사건을 경험하였는데 이 중 하나가 목사님들의 좁은 목회관이다. 본인 교회에 소속된 교인 이외에 교회 담 너머에 있는 사람들에 관하여 관심이 없다는 것이다. 다시 말해서 사회 문제에 대하여 애통해하거나 같이 문제를 해결할 필요를 느끼지 못한다는 것이다.

이것은 어떤 면에서 목사님들의 문제가 아니라 한국인의 사회성 결여와

배타적인 문화에서 비롯된 것일 수 있다. 지금은 젊은 세대의 폭넓은 시각으로 타문화에 대한 선입견이 많이 완화되었다고 볼 수 있지만, 한인 1세대는 여전히 타민족 타문화를 혐오하거나 의심하는 경향이 아직도 남아있다. 그래서인지 이민 교회는 교회 밖 사회와 충분한 거리를 유지하고 있고 교회 프로그램이 장려할 때 한 달에 한 번이나 일 년에 한 번 선교회가 운영하는 밥집을 방문하고 있다.

신교회가 위치한 뉴지지는 미국에서 가장 강력한 저소득층 주택 규제 정책을 시행하는 주이다. 이 중에 1975년 그리고 1983년 뉴저지 대법원 판결로 확립된 마운트 로럴 원칙에 따르면 모든 지차제는 저소득층을 위한 "공정한 분배"의 저렴한 주택을 제공해야 한다. 그래서 많은 뉴저지 도시에서 신규 개발 프로젝트에 10~20%를 저소득층 주택 포함이 의무화된 것이다. 이것은 마치 한국의 강남에 새로운 아파트를 짓는데 10~20%를 노숙자와 미혼모와 자녀를 위하여 배당하라는 명령과 같다. 강남은 이러한 정책에 대하여 대규모 반격을 가할 것이고 이 지역의 정치인들은 정부의 규정과 지역 주심의 항의로 쥐구멍으로 피신을 떠나야 할 것이다.

미국도 마찬가지다. 많은 부유층 주민은 벌금을 내는 한이 있더라도 강력하게 이 규정에 반대하고 있고 주민들이 똘똘 뭉쳐 결국은 법 집행을 못하게 방해하고 있다. 그런데 뉴저지의 많은 한인이 이 부유층에 속해 있다 보니 이곳에서 목회하는 한인교회는 대부분 부유층 교인들로 이루어져 있다. 자연히 이들은 사회의 저소득층과 이들이 가지고 있는 고질병에 대하여 무관하거나 방관하게 된다. 결국은 사랑을 외치는 교회지만 세상의 빛이 되기에는 역부족이다.

사회 분위기로 보면 충분히 이해할 수 있다. 고소득 고학력 지역에 저소득 저교육 주민이 입주할 때 지역 분위기나 주택 가격에 하락이 생길 수 있고 원하지 않는 사건이 발생할 확률이 올라가게 된다. 그래서 생겨난 문장이 "Not in My Backyard(내 뒷마당은 절대 거부)"이다. 다른 곳에 거주하면 도와줄 수 있을지 생각해 보겠지만 우리 동네는 절대 "No"인 것이다. 주민의 반발에 대하여 정죄할 수도 없고 아무도 판단할 수 없다.

하지만 최소한 목사의 위치에 있다면 바울처럼 '균등'을 이해하고 교인들의 참여를 유발해야 하는데 강단에 선 목사들조차 바울의 심중을 이해하지 못하고 있다. 한 달에 한 번 선교회를 방문하는 몇 교회가 있지만, 이들의 대부분은 교인들이다. 이들이 소속된 교회의 담임 목사는 다른 일정이 있기 때문인지 함께 방문하지 않는다. 가난한 사람, 병든 사람, 길 잃은 사람들이 사회에 넘쳐나는데 교회는 영혼 구원이 목적이라고 교회 안에서 모든 시간을 보낸다면 바울의 수많은 고난의 시간과 이 시대의 교회는 너무 멀리 떨어져 있는 것이다.

한국의 정치 상황에 대한 내 생각은 주관적이다. 하지만 최소한 바울의 균등 정신과 신앙에 관한 한 부유한 지역의 교회는 계속해서 부가 저소득층으로 흘러가도록 목사가 교인과 함께 힘에 지나도록 노력해야 한다. 물론 가끔 교인 중에 바울의 균등 신앙을 목사보다 먼저 깨닫는 성도가 있다. 그래서 이들은 교회 몰래(?) 홀로 나타나 봉사를 하던가 거액(?)의 후원금을 교회를 거치지 않고 헌금하는 경우가 있다. 몸은 교회를 섬기고 있지만, 마음은 가난한 자와 함께 있게 된 것이다.

첫 번째 책을 출판한 후 일 년 반이 지났다. 그사이 변한 게 있다면 교회와 교인에 대한 나의 마음이 누그러졌다는 것이다. 이전의 감정이 적대심이었다면 지금의 감정은 애틋함이다. 기성 교회가 함께 우리의 이웃을 섬기며 균등을 실현하기 위해 노력해주기를 바라는데 교회는 어디로 가는지 나로서는 이해가 되지 않기 때문이다. 눈에 보이는 것은 커지는 건물과 눈에 뜨이게 활발한 정치 세력일 뿐 이웃을 위하여 희생하는 모습을 찾아보기 어렵기 때문이다. 나로서는 유대교와 이슬람보다 기독교 인구가 더욱 걱정이다. 내 눈에는 기독교가 범한 죄가 유대교와 이슬람교가 범한 죄보다 더 크기 때문이다. 종교전쟁으로 인한 살생 숫자 면에서 그리고 제국주의를 유도한 유럽의 교회 역사를 포함한 죄이다.

반면에 유대교와 이슬람은 하나님의 절대적인 주권 아래 신의 섭리를 기다리는 종교이다. 지금은 거부하고 있지만, 이들은 살아계신 하나님의 아들 예수를 볼 때 그 발 앞에 엎드려 회개할 사람들이라고 나는 생각한다. 왜냐하면 이들의 문제는 하나님이 아니라 인간의 몸을 입고 오신 예수를 신으로 인정하지 못하는 차이가 있을 뿐 때가 되면 어쩔 수 없이 인정하게 될 것으로 보기 때문이다.

문제는 기독교다. 예수를 안다고는 하지만 예수의 가르침을 거부하기 때문이다. 이것은 마치 예수의 권위에 대하여 도전한 대제사장들과 백성의 장로들에게 예수께서 비유로 말씀하신 두 아들과 같다. 첫째는 일하러 가겠다고 하였지만 가지 않았고 둘째는 실소이다 했지만, 나중에 뉘우치고 갔다고 하였다. 결국 둘째가 아버지의 뜻대로 행하였다는 말인데 여기서 둘째는 세리와 창녀이고 첫째가 율법을 소유한 장로들이다.

그런데 이 비유를 이 시대에 다시 적용해보니 교회에 나가는 사람이 장로와 같고 교회 밖에 노숙자가 세리와 창녀 같다는 것이다. 이 역시 엉뚱한 논리라고 할 수 있지만 내가 보는 교회가 그만큼 형식과 관습에 젖어서 예수께서 하신 말씀을 교회와 지도자조차 모르고 있다는 것이다. 그것은 예수를 몰라서가 아니라 예수께서 말씀하신 십자가를 대부분 회피하고 있기 때문이다.

십자가를 지는 것은 고된 일이다. 십자가의 고충을 가장 잘 설명하는 구절이 누가복음 17장 말씀이다.

> 7 너희 중 누구에게 밭을 갈거나 양을 치거나 하는 종이 있어 밭에서 돌아오면 그더러 곧 와 1)앉아서 먹으라 말할 자가 있느냐
> 8 도리어 그 더러 내 먹을 것을 준비하고 띠를 띠고 내가 먹고 마시는 동안에 수종 들고 너는 그 후에 먹고 마시라 하지 않겠느냐
> 9 명한 대로 하였다고 종에게 감사하겠느냐
> 10 이와 같이 너희도 명령받은 것을 다 행한 후에 이르기를 우리는 무익한 종이라 우리가 하여야 할 일을 한 것뿐이라 할지니라.

우리더러 다 종처럼 행하라는 것이다. 하루에 고된 일과를 마치고 나면 다들 쉬고 싶고 오후 시간은 가족과 함께 영화도 보고 또 휴일에는 여행하는 것이 잘사는 나라의 국민이고 마땅히 가질 수 있는 권리다. 그래서 이 시대는 모두 하고 싶은 일, 버킷리스트를 가지고 실천할 때를 기다리고 있다. 그런데 따지고 보면 이 모든 고생은 나를 위해 한 것이고 나의 이웃을 위해 한 것이라고는 가끔 패지를 모아 리어카를 끌고 가는 노인을 도와주거나 길잃은 강아지 집 찾아주는 수고가 우리의 대표적인 선행이다. 예수께서 하시는 말씀은 인간적으로 너무한 말이다. 하루에 8시간 너를 위해 일했다면 최소한 4시간(?)은 남을 위해서 살라는 것이다. 물론 교회는 이 4

시간을 교회에 투자하라고 하지만 이 역시 모순이다. 예수의 사랑은 교회가 아니다. 교회는 예수의 몸이고 이 몸으로 세상을 섬기라는 것이다. 그리고 세상이 예수의 사랑이다.

이처럼 우리가 가지고 있는 모순은 가난한 자를 내 주거 지역에 오지 못하게 막는 부유한 동네가 가지고 있는 속성과 같은 문제다. 가끔 음식을 보내주고 그로서 내 할 일을 다 했다고 자축하고 자화자찬하는 것이다. 결국 교회와 성도가 돈이 흘러서 균등을 이루는 게 아니라 돈의 흐름을 막아 자신의 교회와 자신의 집에 머무르게 하는 자본주의 원리에 순응하는 것이고 이것이 곧 하나님을 섬기는 것이 아니고 **재물을 섬기는 모습인 것이다.**

세상은 더욱 위태로운 상태로 치닫고 있다. 미국과 중국이 관세정책에 극적인 타결을 이룬다 해도 세상은 조금도 나아지지 않을 것으로 보인다. 오히려 더욱 파국적인 모습이 세상 곳곳에서 일어날 것으로 예상되는데 처음에는 긴가민가하던 생각이 조금씩 확고해져 가고 있다. 우리가 팬데믹을 겪으며 우왕좌왕하던 시기가 얼마 지나지 않았다. 모두 불안한 시간이었지만 마음을 가다듬으며 이 또한 지나가리라 스스로 위로하며 하루하루 무사히 지난 듯하였다.

그렇게 다 지나갔다 싶었을 때 2022년 러시아가 유크레인(우크라이나)을 침공하였고 2023 이스라엘과 하마스의 전쟁이 시작되었다. 이 외에 미국에서는 2021년 1월 미국의 시위대가 국회 의사당을 점령하는 사건이 있었고 트럼프 제2기에 들어서면서 세상은 더욱 큰 지각변동을 일으키고 있다.

인도와 파키스탄 분쟁은 일단 잠잠해졌지만 모든 국가는 전쟁을 대비하여 국방비를 올리고 있다. 지난 5년간의 사건을 종합해 보면 세상은 크게 변화하였고 이것이 성경이 말하는 그때인가 의심하지 않을 수 없게 된 것이다. 만일 지금이 그때라면, 주 예수의 강림이 가까워진 시기라면 우리는 어떻게 살아야 할까? 교회는 무엇을 해야 예수께서 재림하실 때 착하고 신실한 종이라고 불러주실까?

지금이 그때라면

지금이 그때라면 제일 먼저 해야 할 일은 서로 용서하고 사랑하는 일이다. 이것은 나에게도 적용되는 말이다. 가족과 친지들에게 용서를 받아야 하고 용서해야 할 식구가 있다. 나로 인해 상처받은 사람이 있고 우리는 서로 사랑을 주기보다 상처를 주고받았다. 서로 용서하고 사랑할 마지막 기회이기도 하고 어차피 천국에 가서 사랑해야 할 사람인데 여기서 먼저 해결하고 같이 천국에 가면 얼마나 좋을까? 베드로 사도 역시 마지막 때에 먼저 해야 할 일은 사랑이라고 했다. 사랑은 서로의 죄를 덮어줄 수 있기 때문이다. 그런데 사랑을 하기 전에 본인이 준비되어야 하는데 정신을 차리라는 것이다.

> 7 만물의 마지막이 가까이 왔으니 그러므로 너희는 정신을 차리고 근신하여 기도하라
> 8 무엇보다도 뜨겁게 서로 사랑할지니 사랑은 허다한 죄를 덮느니라
> 9 서로 대접하기를 원망 없이 하고
> 10 각각 은사를 받은 대로 하나님의 여러 가지 은혜를 맡은 선한 청지기 같이 서로 봉사하라
> 11 만일 누가 말하려면 하나님의 말씀을 하는 것 같이 하고 누가 봉사하려면 하나님이 공급하시는 힘으로 하는 것 같이 하라 이는 범사에 예수 그리스도로 말미암아 하나님이 영광을 받으시게 하려 함이니 그에게 영광과 권능이 세세에 무궁하도록 있느니라 아멘 (베드로전서 4)

선교회에 거주하는 한인 청년이 있다. 대학에 진학한 후 얼마 지나지 않아 대마초를 피우기 시작했고 그 결과 학업을 중단하게 되었다. 집으로 돌아온 청년은 부모님과의 갈등으로 가출하였고 아버지의 집을 떠난 탕자처럼 전전긍긍하다가 다시 집으로 돌아갔다. 하지만 전혀 변하지 않은 상태였고 여전히 돈이 생기면 대마초로 탕진하다가 결국 30이 넘어서 선교회까지 흘러오게 되었다.

그렇게 같이 생활하면서 나도 이 청년과 몇 번 부딪히게 되었고 그 후 이 청년의 문제가 대마초뿐만 아니라 복합적인 것을 이해하게 되었다. 여하튼 몇 번 충돌이 있던 후 2025년 일월부터 대마초 흡연을 멈추게 되었는데 그 후 눈에 띄게 달라진 것이 있다. 대마초를 흡연할 당시는 이 청년과 대화할 때 눈이 마주쳐지지 않았는데 일월 이후에는 이 청년이 내 말을 듣고 있다는 것을 눈으로 확인이 가능해진 것이다.

이전에 나눈 대화 중에 몇 번이고 느낀 것이 청년의 몸은 내 앞에 있지만 내 소리가 공중으로 분해되는 것이었다. 대마초 기운이 항상 이 친구의 몸과 마음을 지배하고 있는 것을 눈을 보면 확인되었다. 몸은 깨어있으나 정신은 반수면 상태였다.

그러나 일월 이후 가장 눈에 뜨이게 달라진 것이 바로 청년의 눈이다. 대화 중에 나의 눈을 똑바로 보고 내 소리가 청년의 머리에 떨어지고 있는 것을 확인하게 된 것이다. 앞으로 이 청년이 가야 할 길이 멀다. 하지만 대마초를 포기한 것은 큰 결단이고 나머지 문제도 하나씩 차근차근 해결할 수 있도록 같이 기도할 것이다. 나는 이 청년의 진전된 모습을 관찰하며 대마초의 영향이 사라질 때 청년이 어떻게 변하는지를 보았다. 마찬가지로 우리 머리에서 재물의 신이 사라질 때 그때서야 하나님과 사람의 관계가 교통하게 되고 하나님의 뜻을 사람이 이해할 수 있게 된다는 것이다. 재물의 신이 우리 머리와 마음을 지배하고 있을 때 몸은 하나님 앞에 엎드린다 해도 우리는 결국 바알 신에게 기도하고 있는 것이다.

정신을 차리기 위해서는 이 청년처럼 결정해야 한다. 이 청년이 대마초를 사용할 때 돈이 없다면, 자신의 피(혈장)를 팔아서 대마초를 구입하였다. 일주일에 두 번 피를 팔면 $105불을 받았다. 언제부터 이런 제도가 있었는지 모르겠지만 이 청년을 통하여 처음 소식을 접하였을 때 나는 "아이고 주여!" 속으로 한탄하였다.

그런 과거를 정리하고 지금은 선교회 일에 조금씩 참여하기 시작했고 올해 가을부터 마치지 못한 대학 과정을 다시 시작하려고 준비하고 있다. 정신이 맑아지니 생각을 하게 되고 생각을 하면 계획이 따라온다. 그리고 실천할 수 있도록 나와 다른 원생들이 응원하고 있다. 우리도 결정해야 한다. 재물의 신을 불구덩이에 집어 던지고 몸과 마음을 다하여 하나님을 섬겨야 한다. 우리의 마음이 깨끗해질 때 비로소 하나님께 기도할 수 있고 그 기도를 하나님이 들으시는 것이다. 그러면 무엇을 기도해야 하는가? 로마서에 나타난 바울의 기도 제목은 첫째 우리의 '영적 예배'고 둘째, 하나님의 "선하시고 기뻐하시고 온전한 뜻"을 아는 것이다.

> 1 그러므로 형제들아 내가 하나님의 모든 자비하심으로 너희를 권하노니 너희 몸을 하나님이 기뻐하시는 거룩한 산 제물로 드리라 이는 너희가 드릴 1) 영적 예배니라
> 2 너희는 이 세대를 본받지 말고 오직 마음을 새롭게 함으로 변화를 받아 하나님의 선하시고 기뻐하시고 온전하신 뜻이 무엇인지 분별하도록 하라.

선하시고 기뻐하시고 온전한 뜻은 다시 되풀이하지만 서로 사랑하는 것이고 하나님의 축복이 균등하게 모든 사람에게 임하게 하는 것이다. 이 일을 위하여 예수께서 바울을 부르셨고 바울은 우리에게 서신으로 같은 일을 지시한 것이다. 이 세대가 우리 머리에 주입하는 것은 재물을 쌓는 방법이다.

하지만 하나님의 선한 뜻은 우리를 사용하여 세상에 복을 나눠주시는 방법이다. 재물의 신은 우리가 재물을 놓고 싸우기를 원한다. 형제간에 싸우고 부부간에, 심지어는 부모와 자식 간에도 재물을 놓고 다투니 나라와 나라가 다투는 일은 당연한 일이다. 그러나 예수께서 하신 말씀은 "모든 탐심을 물리치라(누가 12:13)."라고 하시며 물질을 모으는 데 시간을 소비하다가 오늘 밤에 너의 목숨이 달아날 수 있다고 경고하신 것이다.

한 가지 더 짚고 넘어갈 것은 예수께 형의 유산을 나와 나누게 도와달라고 부탁한 사람에게 예수께서 하신 답이다: 나는 너희의 재물 다툼에 관심이 없다. 재물을 어떻게 사용하여야 하는지 알기를 원한다면 모를까.

> 14 이르시되 이 사람아 누가 나를 너희의 재판장이나 물건 나누는 자로 세웠느냐 하시고

선교회가 운영하는 가게에서 재고로 남는 물건을 도매로 구입하는 회사가 있다. 이 회사와 거래한 지 일 년이 채 안 됐는데 최근에 선교회가 이 회사와 거래를 중단하였다. 몇 달 전에 우리 가게에서 가져간 물건이 기대 이하라고 값을 치를 수 없다는 것이었다. 그때 받지 못한 금액이 $1,530이다. '그럴 수도 있지.'라고 생각하며 계속 거래를 했지만, 1월부터 밀리기 시작한 대금이 4월 말이 되었는데 지급하지 않고 있다. 총 $3,453이 밀렸

고 이전에 받지 않은 금액을 더하면 $4,983을 받지 못했다.

그런데 나는 이 회사에 미안하다. 처음에는 화가 났지만 그 감정은 그리 오래가지 않았다. 미안한 이유는 첫째, 비즈니스가 어려워서 그럴 수 있고 둘째, 남을 속이면서 돈을 모으려 한다면 이 사람에게 반드시 화가 따라오기 때문이다. 나는 이 회사를 고발할 생각이 없다. 첫째는 그럴 시간이 없고 둘째는 선교회가 손해 본 것보다 더 많은 물질을 여러 가지 형태로 공급받고 있기 때문이다.

이전 책에서도 다른 경험을 나열했지만, 손해를 본 경험이 이전에도 있었고 이 땅에 사는 한 앞으로도 가능한 일이다. 하지만 놀랄 일도 싸울 일도 아니다. 모든 일이 하나님의 주관 아래 있기 때문이다. 나는 다시 우리 물건을 구매할 회사를 찾아야 하고 다음 단계로 나가기 위해 준비하고 있다. 예수께서는 재물을 쌓아놓지 말라고 하셨고 바울은 재물로 인하여 분쟁이 발생할 때 손해 보는 쪽으로 택하라고 하였다(고전 6:7).

지금이 그때라면 은행에 쌓아 둔 돈은 다 어디로 가는 것일까? 건물에 투자한 돈과 주식과 금 그리고 모두 궁금해하는 비트코인은 무슨 의미가 있을까?

눈에 보이는 모든 화려한 건물과 사람들이 우상처럼 받들고 있는 세상의 부귀와 영화는 누가 차지하는 것일까? 성경은 이에 대하여 한마디로 정리하였다.

'불사르기'(벧 3:7, 10)

하나님은 이날을 위하여 모든 것을 준비하시고 사람들이 회개하기를 원하시는데 사람들에게는 어제가 오늘 같아서 내일도 오늘 같을 것으로 믿게 되었고 그 믿음으로 열심히 일하자 재물이 쌓여가는 것을 보고 더 큰 노력으로 더 큰 부를 축적하기에 이른 것이다. 결국 하나님의 오래 참으심을 인간이 악용하였고 그 결과 이 세상이 주는 사랑과 동침을 하게 된 것이다.

> 7 이제 하늘과 땅은 그 동일한 말씀으로 불사르기 위하여 보호하신 바 되어 경건하지 아니한 사람들의 심판과 멸망의 날까지 보존하여 두신 것이니라.
> 8 사랑하는 자들아 주께는 하루가 천 년 같고 천 년이 하루 같다는 이 한 가지를 잊지 말라.
> 9 주의 약속은 어떤 이들이 더디다고 생각하는 것 같이 더딘 것이 아니라 오직 주께서는 너희를 대하여 오래 참으사 아무도 멸망하지 아니하고 다 회개하기에 이르기를 원하시느니라.
> 10 그러나 주의 날이 도둑같이 오리니 그날에는 하늘이 큰 소리로 떠나가고 물질이 뜨거운 불에 풀어지고 땅과 그중에 있는 모든 일이 1)드러나리로다.

하지만 이것 역시 하나님의 계획에 있는 일이다. 가인의 제사를 받지 않으신 하나님께서 사람의 완악함을 걸러내기 위하여 세상에 있는 모든 것을 사단에 허락하셨다. 결국 사단은 육신의 정욕과 이생의 자랑을 이용하여 사람을 재물의 노예가 되게 한 것이다(요1 2:16).

> 16 이는 세상에 있는 모든 것이 육신의 정욕과 안목의 정욕과 이생의 자랑이니 다 아버지께로부터 온 것이 아니요 세상으로부터 온 것이라.

이제 우리는 선택할 시간이다. 과연 지금이 그때인가 아니면 나의 시대적 착오인가. 리치도 선택할 것이다. 이번 수요일 스텐트 시술을 마치고 담배를 끊을 것인가 아니면 아직 안 죽었으니 몇 달 더 담배를 필 것인가. 이것은 리치의 문제가 아니다. 모든 사람의 문제다. 내 수명이 아직 남아있으니 조금 더 내가 좋아하는 것을 먹고 내가 좋아하는 일을 하겠다는 것이다. 하지만 내 수명이 내 것이 아니고 내가 계수하는 날이 하나님의 날짜와 어긋난다면 그때서야 우리는 확인하게 되는데 이미 늦은 후다. 바울이 우리에게 이미 충분히 경고하였다.

> 15 그런즉 너희가 어떻게 행할지를 자세히 주의하여 지혜 없는 자 같이 하지 말고 오직 지혜 있는 자 같이하여
> 16 2)세월을 아끼라. 3)때가 악하니라
> 17 그러므로 어리석은 자가 되지 말고 오직 주의 뜻이 무엇인가 이해하라.(엡 5)

지혜 있는 자는 이때를 구분하여 음행과 탐욕을 끊어내고(엡 5:3) 모든 시간이 하나님의 소유임을 인정하여 세월을 아낀다는 말이다. 세월을 아낀다는 의미는 시간을 아껴서 쓰는 의미이기도 하지만 성경이 말하는 시간은 하나님이 보여주시는 기회를 놓치지 말라는 것이다.

이 기회는 성도의 두 가지 면을 말하는데 첫째는 성령 안에서 자라나는 것이고 둘째는 남을 섬길 기회다. 수많은 사람이 오늘도 눈 뜨자마자 스마트폰을 사용하여 기회를 놓치지 않으려고 세계정세와 돈의 흐름을 관찰하고 있다. 바로 세상이 자기 사랑 돈 사랑에 빠진 것이다. 바울이 증거한 마지막 때의 표식이 바로 이것이다.

> 1 너는 이것을 알라 말세에 고통하는 때가 이르러
> 2 사람들이 자기를 사랑하며 돈을 사랑하며 자랑하며 교만하며 비방하며 부

> 모를 거역하며 감사하지 아니하며 거룩하지 아니하며(딤후 3)

자기 사랑 돈 사랑이 말세의 표적이고 이것이 구체적으로 사회에 표면화 될 때 바로 말세에 가까워진 것이자 고통하는 때가 됐다는 것이고 바로 지금이 그때인 것이다.

나는 한 구멍가게에서 일하는 직원이다. 하지만 나의 직분이 무엇인지 상관없이 이 글로 한 교회를, 성도를 깨울 수 있다면 그것으로 하나님께 감사드리고 주 예수의 이름을 찬양할 것이다. 더 이상 잠자는 교회, 교인이 아니라 깨어있기를 바라는 바이다.

Show Biz

　세상은 모두 쇼다. 쇼에는 최소한 두 가지 의미가 있는데 사실을 전하기 위해 보여주는 방법이 첫 번째 쇼다. 하나님이 이스라엘에게 자신의 영광을 보이시기 위해 애굽을 치신 것이 쇼(보여주시다)다. 이것은 모든 인간에게 하나님의 권능과 주권을 보여주시기 위한 것이다. 학교에서 사용하는 프레젠테이션도 지식과 인포메이션을 전달하는 쇼 중 하나다.

　그런데 쇼-비지니스는 다른 개념이다. 보여주는 것은 똑같지만 의도가 다르기 때문이다. 이 쇼는 상대방을 위한 쇼가 아니라 나를 위한 쇼다. 바로 쇼를 통하여 이익을 챙기기 위한 것이다. 그런데 두 번째 쇼의 개념 안에(show biz) 또 다른 층이 있는데 더 많은 수익을 창출하기 위해서 과장된 이미지를 사용한다는 것이다. 우리가 매일 접하는 광고가 대부분 이런 종류다. 그래서 우리는 모든 사물을 보며 이 중에 과장된 부분이 있다는 것을 인정하고 있다.

　그럼에도 불구하고 일부 소비자 중에 너무 순진해서인지 아니면 교활해서인지 햄버거 사진이 실물과 다르다는 이유로 프랜차이즈 식당을 고발하는 사건을 종종 찾아볼 수 있다. 아무래도 이런 분들은 전자보다 후자에 가깝다고 생각한다. 여하튼 세상에서 성공하기 위해서는 쇼 비즈니스를 잘해야 하는데 이것은 사업은 물론 정치 세계에도 적용되는 사실이다. 어느 각도에서 어떤 배경으로 사진을 찍어야 국민의 호응을 받을 수 있는지 넥타

이는 무슨 색을 매야 하는지까지 일일이 따지는 것이 현실이다.

쇼 비즈니스로 가장 성공한 사람을 꼽으라면 당연히 트럼프 대통령일 것이다. 나는 이분의 주관한 유명한 쇼 비즈니스 "Apprentice"를 가까이한 사람이 아니다. 무대 뒤에서 눈물 흘리는 사람을 본 후에 다시는 이 프로그램과 내 시간을 바꾸지 않았다. 하지만 무슨 이유에서인지 이 프로그램은 10년이 넘게 진행되었고 이 쇼를 통하여 트럼프의 지명도가 최고에 이르게 된 것이다.

이분이 대통령이 된 이유도 쇼 비즈니스에 탁월한 재능이 있어서이다. 이분이 대통령이 되어서이기도 하지만 한국의 정치 사회에 관심을 가진 후 나는 세상의 모든 것이 쇼 비즈니스라고 단정하게 되었다. 그도 그럴 것이, 예수께서 공생애를 시작하실 때 사단이 가져온 시험도 하나의 쇼 비즈니스였다. 세상의 부귀영화를 보이고 예수의 순전함과 바꾸자는 것이었다.

좀 더 적나라하게 표현한다면 세상은 모두 다 쇼 비즈니스다. 바로 이 땅에서 벌어지고 있는 모든 것이 사탄의 지략이고 이것에 맞추어 사람들은 춤을 추는 것이다. 마치 트럼프 대통령이 한마디 하면 주식 시장이 오르락내리락하는 것처럼 트럼프 대통령 역시 사탄이 주무르는 대로 피노키오처럼 춤을 추고 있다. 아무리 대국의 대통령이라고 해도 세계 최고의 갑부라 해도 결국은 다 사탄의 장난감에 불과한 것이다.

나는 4년마다 대통령이 되겠다고 이렇게 쇼하는 정치인들과 한국에서 벌어지는 대선 경기마저 다 한편의 쇼로 보이는 것이다. 트럼프 대통령과 시진핑 주석이 벌리는 치킨게임도 자세히 살펴보면 재미있는 한편의 쇼다.

인터넷을 달구는 비트코인도 쇼이고 종이를 찍어내어 그 종이로 물건을 사고파는 것 역시 인간이 고안한 쇼 비즈니스다. 물론 이 세상에 사는 한 물건을 사고팔기 위해서 어느 정도 장단은 맞춰줘야 하지만 쇼 비즈니스에 박자를 맞추어 춤을 추다 보면 돌이킬 수 없는 무덤까지 끌려가는 것이다.

나는 성도들에게 그리고 교회에 세상의 쇼 비즈니스에 빠지지 말라고 부탁드린다. 이 세상의 모든 사물은 사탄이 만들어놓은 쇼이고 이 비즈니스를 통하여 우리의 영혼을 취득하려고 매일 새로운 쇼를 만들고 있다. 안타까운 것은 새로운 쇼가 매일 탄생하다 보니 그 영역에서 벗어나기가 거의 불가능하다는 것이다.

두 번째 책에서 나는 어떻게 넷플릭스와 절교하였는지 설명하였다. 지금 이 글을 쓰면서 곰곰이 생각하는 것은 이제 어떻게 유튜브와 절교할 것인가이다. 물론 유튜브에 양질의 프로그램이 많이 있지만 단언하건대 이 역시 사단의 쇼 비즈니스가 포함되어있고 이를 통하여 많은 영혼이 어둠의 세계로 떨어지는 수단이 되었다. 이것을 가려야 하는 것은 개인의 역할이지만 문제는 우리가 잘 알듯이 평범한 사람의 영혼은 어둠을 더 사랑한다는 것이다. 가려야 할 이유가 없는 것이다.

쇼 비즈니스가 성공하는 이유도 여기에 있다. 사람들에게 듣고 싶은 소리, 갖고 싶은 물건, 보고 싶은 사진을 계속 제공하기 때문이다. 이런 방법을 상품 선전에 활용하고 정치 수단에 이용하여 결국은 모두 쇼 비즈니스의 소비자가 되어 마음과 영혼을 떨이로 팔려나가게 하는 것이다. 나는 이런 현상을 목격하며 하나님 앞에서 눈물을 흘리게 되는데 내가 어디를 가던 대부분 사람이 이런 수단에 피해자로 살아가기 때문이다. 계속 듣고, 보고, 구입하고 하다 보면 결국은 마약 중독자들같이 무엇인가에 빠진 중독자가 되는 것이다.

이런 전제하에 마지막으로 다시 한번 교회를 진단해 볼 때 나는 교회도 역시 많은 면에서 쇼 비즈니스에 희생자로 보고 있다. 찬양도 보여주는 쇼에 초점이 맞춰져 있고 교회의 행사도 대부분 교회 홍보용으로 만들어지고 심지어는 선교와 구제가 다 보여주기식이라는 것이다. 교회만은 제발 사람에게 보여주기 위한 주체가 되지 말아야 하는데 홍보가 필수인 사회에서 어떻게든 관심을 모으기 위해서 알게 모르게 쇼하는 것이다. 교회도 너무 거창하게 만들지 말고 강대상도 조명도 음향도 대충하자는 것이다. 이것은 하나님을 홀대하자는 것이 아니다. 하나님이 바라는 것이 이런 것이 아니기 때문이다. 우리가 가장 신경 써야 할 부분은 세상에 물들지 않고 위의 것에 물들어야 하기 때문이다.

> 1 그러므로 너희가 그리스도와 함께 다시 살리심을 받았으면 위의 것을 찾으라 거기는 그리스도께서 하나님 우편에 앉아 계시느니라.
> 2 위의 것을 생각하고 땅의 것을 생각하지 말라(골 3).

세상의 모든 형태는 사라진다고 우리의 조상 바울께서 말하셨다.

> "때가 얼마 남지 않았으니 이제부터는 아내 있는 사람은 없는 사람같이 하고 우는 사람은 울지 않는 사람같이 하며 기쁜 사람은 기쁘지 않은 사람같이 하고 무엇을 산 사람은 그것을 가지고 있지 않은 사람같이 하며 세상을 잘 이용하는 사람은 그렇지 않은 사람같이 할 것입니다. 이 세상 형태는 사라지고 말 것이기 때문입니다(고린도 전 7:29-31,새번역)."

이 말씀은 바울이 그날을 기다리며 곧 오실 예수를 믿는 사람이 가져야 하는 마음 자세를 알려주셨는데 예수께서 하신 말씀처럼 "부모와 처자와 형제와 자매"(눅 14:26)보다 예수를 따르는 데 힘쓰며 이 땅에서의 일에 너무 매이지 말라는 교훈이다. 모든 것이 사라질 것이기 때문이다. 만일 우리가 바울의 교훈대로 세상의 모든 것이 사라질 것을 100% 믿는다면, 예수의 재림을 곧이곧대로 믿는 교회라면 교회는 일단 건물을 처분하여 주린 자, 목마른 자, 나그네 된 자, 헐벗은 자, 병든 자, 옥에 갇힌 자를 찾아가야 한다(미대 25). 그래야 예수께서 말씀하신 "복 받을 자들이" 될 것이고 "창세로부터 너희를 위하여 예배된 나라를 상속받으라(34절)." 말씀하실 때 우리가 아멘 할 것이다.

사실 이 많은 교회 터와 건물은 주님께 책망받을 이유 일 번이다. 유럽으로 시작하여 미국과 한국 교회가 사용한 물질이 균등을 추구한 것이 아니라 우리의 안락한 시설이었으니 말이다. 성가대에서 울려 나오는 아름다운 노래는 천국을 기다리는 성도들의 예행 연습이다. 그래서 노래가 끝나면 아멘 하지만 노래만 한 사람은 예비 된 나라를 상속받을 수 없다. 왜냐하면 노래만 한 사람들은 저주를 받은 자들이기 때문이다.

> 42 내가 주릴 때에 너희가 먹을 것을 주지 아니하였고 목마를 때에 마시게 하지 아니하였고
> 43 나그네 되었을 때에 영접하지 아니하였고 헐벗었을 때에 옷 입히지 아니하였고 병들었을 때와 옥에 갇혔을 때에 돌보지 아니하였느니라 하시니
> 44 그들도 대답하여 이르되 주여 우리가 어느 때에 주께서 주리신 것이나 목마르신 것이나 나그네 되신 것이나 헐벗으신 것이나 병드신 것이나 옥에 갇히신 것을 보고 공양하지 아니하더이까
> 45 이에 임금이 대답하여 이르시되 내가 진실로 너희에게 이르노니 이 지극

> 히 작은 자 하나에게 하지 아니한 것이 곧 내게 하지 아니한 것이니라 하시리니

이 세상에는 지극히 작은 자가 널려있다. 뉴저지 패터슨에는 말할 것도 없고 한인타운 팔리세이드 팍도 마찬가지다. 서울은 물론, 사람 사는 세상에 지극히 작은 자는 너무 많아서 감당이 안 되고 있다. 이렇게 우리가 하나님의 사랑으로 섬겨야 할 대상이 넘치는데 교회에서 노래만 하였다면 불쌍하나 예비 된 나라가 아니라 예비 된 영원한 불이 기다리고 있다.

> 41 또 왼편에 있는 자들에게 이르시되 저주를 받은 자들아 나를 떠나 마귀와 그 사자들을 위하여 예비 된 영원한 불에 들어가라.

세상은 여전히 새로운 쇼를 만들어 우리에게 '어서 오십시오.' 공손히 예의를 갖추고 초대한다. 마치 최고급 식당에서 최상의 서비스를 제공하는 것처럼. 그리고 우리를 무대에 세워 화려한 조명을 받게 하고 수천, 수만 명의 관객 앞에서 세상에서 성공한 것을 자랑하고 그동안 모은 재물을 뽐내며 성공한 보상으로 사회의 조명과 환호를 받게 한다. 성공하는 사람들이 받는 이 조명을 받기 위해 세상은 모두 더욱 열심히 노력하고 쨍하고 빛나는 날을 상상하며 모두 달음박질하고 있다.

하지만 쇼가 끝나면 무대의 막이 내려오는 것처럼 모든 쇼는 끝나는 시간이 있다. 반드시. 그리고 그날 모두 알게 될 것이다. 세상의 모든 부귀영화가 한낱 스쳐 가는 쇼였다고. 쇼가 끝나는 날이 주 예수 강림의 날이고 그날에 모든 것이 밝혀질 것이다. 믿음으로 재물을 섬긴 사람들과 믿음으로 지극히 작은 자를 겸손히 섬긴 자들이 누구인지.

사실 나는 주님이 오실까 두렵다. 먼저 내가 섬기고 있는 노숙자 중에 과연 몇이나 주님의 은혜를 입은 자들일까 생각해 보면 그 숫자가 너무 적기 때문이다. 내가 단 한 사람을 예수께 인도하는 길이 되었다면 나로서는 죄송하고 감사한 일이다. 하지만 구원받지 못한 사람들이 갈 곳이 저주받은 곳이라고 믿기 때문에 마음이 괴롭다. 이렇게 사람으로 태어나 지옥 같은 세상에서 살다가 이차 지옥으로 전입된다면 이들의 삶이 너무 억울하고 안타깝기 때문이다.

그런데 교회를 생각하면 그 안타까움이 두 배로 늘어난다. 교회는 나가지만 세상의 쇼를 너무 사랑하여 교회는 고속도로 휴게실 안의 화장실처럼 잠깐 들리는 곳이고 나머지 시간을 어디론가 싱싱 달려가고 있기 때문이다. 교인들이 너무 빨리 왔다가 빠져나가는 것을 막기 위해 교회는 말씀 이외에 프로그램(쇼)을 만들어 이들을 잡아보려고 하지만 새로운 쇼를 매일 만들어내는 세상의 쇼에 비하여 너무 조잡하다.

이렇게 세상의 쇼와 보조를 맞추어 교회도 쇼를 만들어내다 보니 교회가 세상을 이끄는 게 아니라 세상의 보조에 교회가 따라가는 꼴이 되었다. 교회는 사람을 모으는 곳이 아니다. 교회가 사단의 쇼 비즈니스를 따라 할 때 교인은 물론 교회까지 무저갱으로 가는 기차가 되기 때문이다.

교회는 쇼 비즈니스를 멈춰야 한다. 다수를 위하여 쇼를 진행하다가 그 안에 있는 소수의 양까지 함께 전염되기 때문이다. 그 쇼 안에 음악이 있고 잔치가 있고 대회와 강연 등 사람을 모으는 일은 모두 다 동원된다. 동원된 인원을 이용하여 정치판에 끼기도 하고 돈 벌기에 사용하기도 한다. 교회 안에 젊은이들을 유치하기 위해 이 시대가 동원한 가장 효과적인 방법 중에 음악이 있다.

그래서일까, 젊은이들이 창작한 음악과 기술이 전문가를 능가하는 수준에 이르렀다. 교회 음악이 내가 젊은 시절 교회에서 인도하던 찬양 수준이 아니다. 그럼에도 불구하고, 천상의 화음을 화려하게 발표해도 그 영향은 잠시뿐이다. 그것이 노래가 할 수 있는 최대의 효과이다. 무엇인가를 느낀 것 같고, 감명을 받은 것 같지만 어쩌면 그것은 성령의 역사가 아니라 음향과 조명의 효과일 수 있기 때문이다.

음악도 중요하고, 부흥회도 할 수 있고 많은 행사를 통해 무엇이 이들의 마음을 사로잡을 수 있는지 찾아내야 하겠지만 무엇보다도 십자가를 말씀으로 듣기만 하기에 성령의 역사가 사라진 게 아닐까? 바울이 말한 것처럼, 성령의 나타나심과 하나님의 능력이(고전 2:4, 5) 교회에 있어야 하는데 그렇지 못한 이유가 무엇일까? 그것은 십자가를 지고 예수를 따르는 모습이 교회에서 빠졌기 때문이 아닐까? 다시 말해서 세상이 보여주는 쇼를 교회가 많이 따라 하고 있지만, 실제 예수께서 보여주신 십자가(Show)를 교회와 목사가 제대로 보여주지 못하고 있기 때문일 것이다.

나는 교회가 뒤집히기를 바란다. 예수께서 성전에서 소와 양을 몰아내시고 상을 엎으신 것처럼(요 2) 나는 이 시대의 화려한 교회가 예수의 마구간으로 바뀌는 것을 보고 싶다. 물론 내 개인의 바람일 뿐이다. 화려한 곳에 있는 것은 세상의 쇼일 뿐이다. 화려한 것은 천국에서 만나기로 하고 교회가 이 땅에 있을 자리는 예수께서 태어난 자리여야 한다. 교회가 성장하고 주위 사람들로부터 인정받던 시기는 AD 311 이전이다. 당시 로마 제국에서 그리스도인이 되는 것은 목숨을 건 행위였기 때문이다. 집과 땅을 착복

당하고 심지어는 동물의 먹이가 되었지만 그만큼 신앙이 깊이와 믿음의 심지가 단단하였다.

하지만 기독교 공인(AD 313, 밀라노 칙령) 이후 교회가 세상의 쇼에 참여하기 시작하는데 이는 예수께서 거부한 천하만국의 권위와 그 영광을 교회가 누리기 시작했기 때문이다. 예수께서는 "주 너의 하나님께 경배하고 다만 그를 섬기라."라고 하셨으나 사람은 "순식간에 천하만국을" 보고 결국 사탄의 미끼를 덥석 물었다. 그리고 그 쇼는 지금도 현재 진행 중이다.

더 크고 더 화려하게. 나는 교회를 향해 계속해서 목소리를 낼 것이다. 한 사람이 듣던 열 사람이 듣던, 작은 소리라도 아무 소리가 없는 것보다는 나을 것이다. 우리도 별을 따라 마구간으로 향한 목자들처럼 예수께 나가자고 소리칠 것이다. 나귀 새끼를 타시고 예루살렘에 들어가신 것처럼 이 세상을 지나가는 동안 낮은 자리에서 세상을 다스리는 교회가 아니라 섬기는 교회가 되자고 호소할 것이다.

마치면서

나는 바울처럼 예수의 이름을 증거하다가 맞아본 적도 없고 옥에 갇힌 적도 없다. 그렇다고 따르는 사람이 많아서 누군가의 시기와 질투로 인해 모함을 받아본 적도 없다. 그냥 있어도 그만 없어도 그만인 사역을 하는 그런 사람이다. 그래서 바울의 글을 읽으면 부끄럽고 죄송하기만 하다. 그럼에도 불구하고 이렇게 무식하게 글을 휘두르는 이유는 이미 여기까지 내 생각을 읽어주신 분들은 다 아시고 계실 것이다. 내가 기성 교회에 대하여 경험과 지식이 없기에 일반 목회자들을 이해하지 못하고 이렇게 무식한 용감을 부린 것에 대하여 진심으로 사과드린다.

그런데도 꼭 이렇게까지 하는 이유는 세상에 널브러진 영혼들이 너무 많기 때문이다. 마치 자동차 바퀴에 몇 번 밟힌 사람들처럼 죄에 짓눌려 너덜너덜 해어진 영혼이 우리 주위에 너무 많은데 이들을 가끔 쳐다보고 가는 교회는 있지만, 이들을 위해 희생할 교회가 적기 때문이다.

매주 일요일 오전 11시경에 교회 차량으로 이들을 위해 점심을 전달하는 교회가 있다. 근처에 있는 대형교회다. 물론 나도 몇 번 이 교회에서 전달하는 음식을 노숙자를 통하여 얻어먹은 적이 있다. 노숙자들을 위하여 준비한 음식을 내가 먹는 것이 거북해서 더 이상 가져오지 말라고 했다. 그런데 몇 번이고 말하지만, 이들에게 필요한 것은 음식이 아니다. 이들의 방탕과 방종을 감내하며 이들이 그리스도의 사랑을 이해할 때까지 기다리며 섬기는 것이다.

섬김이 가장 눈에 띄게 되는 경우가 바로 죽음이다. 예수처럼 누군가 이들을 위하여 죽어야 하는데 아무도 그런 희생을 할 이유도 모르고 용기도 없는 것이다. 이들을 위하여 누군가 희생하는 것을 보여줘야 비로소 예수께서 이들을 위하여 죽었다는 것을 믿을까 말까인데 교회로부터 받은 것은 부자의 상에서 떨어진 빵부스러기가 전부라는 것이다.

예수에 대하여 모르는 사람은 아무도 없다. 하지만 이들이 예수의 이름으로 정죄를 당한 경험에 비해 예수의 이름으로 사랑을 받은 경험이 적기 때문에 교회에서 주는 밥은 먹으면서 교회를 사기꾼으로 보는 경우가 허다하다. 예수를 믿는다고 하면서 바울처럼 목숨을 걸고 예수의 사랑을 증거하는 교회가 드물기 때문이다.

마지막으로 교회와 성도들에게 다시 한번 부탁드리는 것은 바울의 세 가지 모습을 본받자고 호소하고자 한다.

첫째. 교회가 영혼 구원과 구제 사업에 재물을 아낌없이 사용하기를 부탁드린다. 어느 대형교회에서 단기 선교를 위해 비행기 좌석 200개를 예약했다는 소리를 팬데믹 이전에 들은 기억이 있다. 나는 단기 선교에 대하여 반반 의견을 가지고 있는데 갑자기 이 금액을 환산해보니 선교에 관한 생각이 반반에서 ¼로 떨어졌다. 내 의견이 중요한 것은 아니지만 그래도 '선교사'로 호칭을 받는 자로서 단기선교팀을 받을 때의 나의 심정을 조금은 알려드리고 싶다.

선교에 참여하는 분 중에 반은 여행을 오신 분이고 반은 봉사를 목적으로 온다는 것이 나만의 의견이 아닐 것이다. 여행 오신 분들에 대하여 할 말은 없다. 다만 봉사하러 오신 분들에게 부탁드리는 것은 선교지에서 경험한 것을 중단하지 말라고 부탁드린다. 그것을 중단하는 순간 그 경험은 모두 여행 오신 분과 똑같은 결과를 만들고 그냥 잊힌 기억이 되기 때문이다. 섬기는 교회에 돌아가시면 불붙은 그 마음을 교회에 지피고 교회가 지역을 섬길 수 있도록 사용하시라는 것이다. 바울이 디모데에게 "우리 안에 거하시는 성령으로 말미암아 네게 부탁한 아름다운 것을 지키라(딤후 1:14)." 부탁한 것처럼 단기 선교에서 가져온 아름다운 것을 지키지 못한다면 안타깝지만, 그 많은 비용이 마치 바다에 뿌려진 한 컵의 물과 같다는 것이다.

> 14 우리 안에 거하시는 성령으로 말미암아 네게 부탁한 아름다운 것을 지키라.

사실 단 며칠의 선교 체험을 위해 이 같은 비용을 내는 것이 어떤 효과를 내고 있는지에 대하여 긍정적이지는 않지만 그래도 그 체험을 통하여 성도와 교회가 살아날 수만 있다면 그 비용은 아깝지 않은 것이다. 그런데 이같이 과감한 투자가 교회를 통하여 우리의 이웃에게 사용된다면 그 효과는 몇 배가 될 것이라고 나는 생각한다. 바울이 고린도 교회에 "그 불이 각 사람의 공적이 어떠한 것을 시험할 것임이라(고전 3:13)."라고 하였는데 이 말씀은 각 개인의 신앙생활이 얼마나 정결하게 하나님의 말씀에 순종하였는지 그날이 되면 나타날 것을 의미하고 있다. 예수께서 말씀하신 것처럼, 그리스도 예수의 반석 위에 집을 세우고(마 7:24) 예수께서 지시한 데로 실천하는 자가 불로 태워도 사라지지 않는 공적을 유지할 것이다.

이 말씀을 더 크게 적용해보면 이 불은 세상의 모든 물질을 태우는 하나님의 불이고 연소가 가능한 모든 것이 태워지는데 거기에는 교회 건물도 포함된다는 것이다. 불로 태워도 사라지지 않는 공적은 우리가 영혼 구원을 위해, 하나님의 사랑을 증거하기 위해 투자한 우리의 재물과 마음뿐이다. 바울은 두 가지 다 하나님께 드린 사람이다. 바울의 가르침을 따르는 교회는 재물과 마음을 하나님이 사랑하시는 사람을 살리는 일에 사용하여야 한다.

두 번째 교회가 바울에게서 본받아야 하는 모습은 남용이다. 사람은 자기의 값어치를 최대한 살리기 위해 존재한다. 내가 이 글을 쓰기 위해 여러 가지 겪은 경험을 글로 옮기다 보니 그 안에 선교회에 거주하는 청년도 포함되어있다. 이 이야기를 성경 공부 중에 나누었는데 느닷없이 이 청년이 자기에게 주어지는 판권이 몇 프로인지 물어왔다. 공짜로 재워주고 먹여주었지만 자기의 판권을 말할 때 갑자기 한 방 먹은 기분이었다. 물론 이 청년은 농담이었지만 이 말이 사실이 될 수 있는 주장이다. 혹시라도 내가 이 청년에게 소홀히 하거나 마음을 상하게 하였다면 충분히 물고 늘어질 사건이다. 그래서 세상에는 변호사가 있고 이런 분쟁을 법으로 처리하고 있다. 사람은 누구나 다 자기의 권리를 최대한 활용하여 자기를 보호하고 최대한의 이익을 추구한다. 당연히 누군가 자기를 이용한다면 그에 대응하는 보수를 바라게 되고 상대방은 합의가 있든 없든 간에 상응하는 보상을 하게 된다.

그런데 바울은 어디를 가든지 예수를 위해서 그리고 교회를 위해서 자기가 이용당하는 것을 기쁘게 생각하였다.

> "너희 믿음의 제사 위에 내가 나를 전제로 드릴지라도 나는 기뻐하고 함께 기뻐하리니."(빌 4:17)

그런데 이용의 도가 지나쳐 남용된다면 어떻게 될까? 내가 상대하는 노숙자 중에 과반수가 약물 중독자들이다. 약물 중독자를 다른 이름으로 "약물 남용자"(Substance Abusers)라고 하는데 문제는 이들이 약물만 남용하는게 아니라 선교회와 많은 비영리단체 그리고 나를 개인적으로 남용하고 있다는것이다. 한가지 예를 들면 선교회에 거주하는 사람만 쓸 수 있는 샤워실, 주방, 세탁기, 식품 등 사용 가능한 모든 것을 이용하면서 하나님의 말씀을 요리조리 피해 다니는 외부 사람들이 있다. 허락한 범위 내에서 사용한다면 문제가 없는데 여기서 조금, 저기서 조금 슬금슬금 자기의 활용 범위를 넓혀가며 결국은 모든 것을 남용할 때까지 멈추지 않는다.

처음에는 그리고 지금도 가끔, 이런 행동이 괘씸하여 브레이크를 밟기도 하지만 결국은 내가 지고 마는 것이 내가 하나님의 은혜를 얼마나 남용하였는지 내 양심이 나를 고발하기 때문이다. "하나님 아버지 항복"선언을 하며 이 친구들에게 좀 더 선을 분명히 하여 선교회가 줄 수 있는 최대한의 혜택을 주고자 함께 노력하게 된다. 결국 이 말은 예수의 사랑을 실천하려면 남이 나를 밟고 갈 수 있도록 남용을 허락해야 한다는 말이다. 예수께서 사람의 마음을 아심에도 불구하고 우리를 위하여 죽으신 것처럼.

> 너희가 나를 찾는 것은 1)표적을 본 까닭이 아니요 떡을 먹고 배부른 까닭이로다 (요 6:26)

바울이 당한 남용은 유대인뿐만 아니라 이방인을 포함한 모든 사람이다. 예수께서 이스라엘과 로마인들에게 남용 당하신 것처럼. 교회는 이용당하라고 하나님이 세우신 예수의 몸이다. 교인들에게 이용당하고 세상 사람들에게 남용 당해야 한다. 세상에서 짓밟히고 우리 얼굴에 세상 사람의 침이

뱉어질 때 우리는 나를 위하여 감당하신 예수의 수모를 알 수 있고 그 사랑의 깊이를 체험할 수 있을 것이다. 그뿐만 아니라 이 같은 수모를 받으면서도 주님의 사랑을 전할 때 세상이 살아계신 하나님을 교회 그리고 우리를 통하여 깨닫게 될 것이다. 나는 이 시대의 교회에 바울의 전제를 실천하자고 요청한다. 이것이 바로 예수께서 원하시는 교회의 모습일 것이다.

마지막으로 교회에 부탁드리는 것은 협력하자는 것이다. 교회가 서로 힘을 모아 학교, 병원, 양로원, 노숙지 시설 등 사회의 약자를 위하여 사업을 같이 감당하자는 것이다. 물론 지역 주민들을 위해 교회 시설을 사용하게 하는 것도 좋은 일이지만 결국은 모든 일은 교회 내에서 이루어지고 그 결과 더 교회 시설을 사용하기 위해서는 내 교회로 오시라는 보일 듯 말 듯한 의도가 있는 것 같다. 내 교회와 상관없는 사람일지라도 기독교 인이 아니라 해도 돈 없는 사람은 누구나 사용할 수 있는 시설을 교회가 협력해서 만들고 운영한다면 초대교회가 온 백성에게 칭송을 받은 것처럼 오늘날의 교회도 시민들로부터 존경받고 구원받는 사람이 날마다 더하는 교회가 될 것이다.

나는 28년을 하나님께 기도하고 있다. 같이 일할 수 있는 교회를 보내주시기를. 내가 혼자 감당하기에는 너무 큰 사역이고 내가 섬겨야 할 사람이 너무 많다. 그러나 혼자라도 이 일을 감당하고 있으니 나는 하나님께 감사드린다. 천국의 보물이 여기에 있는데 나만 가지고 있으니 황송할 뿐이다. 하지만 함께 일할 수 있는 교회가 있다면 내가 첫 번째 책에 소개한 일을 같이 이루어 나갈 것이다. 같이 일할 교회가 언제 올지 모르지만 나는 이 일을 위하여 이미 도면을 완성하였다. 그 다음은 하나님의 몫이다.

바울의 삶을 연구하다가 배운 것이 많이 있다. 무엇보다도 예수께서 말씀하신 자기를 부인하고 자기 십자가를 지고 예수를 좇는 것이 어떤 것인지 가장 잘 보여주신 분이 바울이라고 많은 성도가 공감할 것이다. 그럼에도 불구하고 나는 바울을 위대한 사도라고 말하고 싶지 않다. 위대한 분은 단 한 분 주 예수 그리스도시기 때문이다. 바울은 나의 형님 같다. 나에게 예수를 향하여 같이 가자고 내 손을 잡으시는 선배 같다. 나는 이 선배의 삶을 본받아 더욱 나를 버리고 이 형님처럼 예수를 좇고자 한다. 나와 공감하는 성도들이 세상에 많이 있으리라 믿는다. 어디에 계시든지 세상과 타협하지 마시고 꿋꿋하게 예수를 향해 바울처럼 마지막 날까지 이 경기를 완주하시기를 응원한다.

> "나의 달려갈 길과 주 예수께 받은 사명 곧 하나님의 은혜의 복음을 증언하는 일을 마치려 함에는 나의 생명조차 조금도 귀한 것으로 여기지 아니하노라."(행 20:24)

거룩한 도용

1판 1쇄 발행 2025년 9월 10일
지은이 김항욱

편집 이승빈 **마케팅·지원** 이창민
펴낸곳 (주)하움출판사 **펴낸이** 문현광

이메일 haum1000@naver.com **홈페이지** haum.kr
블로그 blog.naver.com/haum1000 **인스타** @haum1007

ISBN 979-11-7374-176-0(03230)

좋은 책을 만들겠습니다.
하움출판사는 독자 여러분의 의견에 항상 귀 기울이고 있습니다.
파본은 구입처에서 교환해 드립니다.

이 책은 저작권법에 따라 보호받는 저작물이므로 무단전재와 무단복제를 금지하며,
이 책 내용의 전부 또는 일부를 이용하려면 반드시 저작권자의 서면동의를 받아야 합니다.